알바신의
365 알바신공

화려한 스펙을 뭉개는

알바신의 365 알바신공

초 판 1쇄 2019년 10월 16일

지은이 김대의
펴낸이 류종렬

펴낸곳 미다스북스
총괄실장 명상완
책임편집 이다경
책임진행 박새연, 김가영, 신은서
본문교정 최은혜, 강윤희, 정은희

등록 2001년 3월 21일 제2001-000040호
주소 서울시 마포구 양화로 133 서교타워 711호
전화 02) 322-7802~3
팩스 02) 6007-1845
블로그 http://blog.naver.com/midasbooks
전자주소 midasbooks@hanmail.net
페이스북 https://www.facebook.com/midasbooks425

© 김대의, 미다스북스 2019, *Printed in Korea.*

ISBN 978-89-6637-717-6 03190

값 15,000원

화려한
스펙을 뭉개는 **알바신의**
365 알바신공

김대의 지음

미다스북스

이제는 '알바 스펙'이 답이다

    대한민국은 말 그대로 스펙 전쟁이다. 서로 누가 더 스펙을 많이 쌓는지 마치 내기라도 하는 듯하다. 학력을 시작으로 학점, 토익, 해외 연수, 자격증, 봉사 활동, 인턴, 수상 경력까지, 이력서를 보면 마치 영수증을 보는 것 같다. 최근엔 토스, 오픽까지 따야 하니 아마 10대 스펙 정도는 되지 않을까 싶다. 터무니없게 들릴 수도 있지만 모두 사실이다. 왜 우리는 이렇게 스펙에 목매고 있을까? 그것도 본인이 하고자 하는 일과는 전혀 관련 없는 스펙들에 말이다. 이처럼 우리의 스펙은 남들이 하니까 따는 스펙들이 대부분이다. 나 역시 오랫동안 취업 준비를 했기에 이런 현상에 대해 누구보다 잘 알고 있다. 청춘은 항상 불안하기 때문이다.

20대는 어느 때보다 불안한 시기다. 가뜩이나 좁은 땅덩어리에서 자기 자리 하나 찾으려니 얼마나 힘들겠는가. 그렇다고 또 모두가 합격의 기쁨을 맛보는 것도 아니다. 그중 누군가는 경쟁에 밀려 낙오자로 전락하기도 한다. 이러한 청춘이 생각보다 많다. 분명 여러 개의 길이 있음에도 본인의 길을 찾지 못하고 방황하는 청년들이 많다는 걸 깨달았다. 그래서 이들을 위해 조금이라도 도움이 되고자 이 책을 쓰게 되었다.

내가 20대를 보내고 보니 '스펙이 전부는 아니다.'라는 걸 깨달았다. 20대는 앉아서 하는 공부가 아닌 움직이는 공부를 해야 하는 시기다. 20대는 지식이 아닌 지혜가 필요한 시기란 의미다. 우리는 20대 때 최대한 많은 경험을 해야 당당한 30대를 맞이할 수 있다. 이렇듯 경험이 많아질수록 본인이 누구인지에 대해 자연스럽게 알 수 있다. 새로운 상황에 노출이 많이 될수록 비로소 나를 찾을 수 있다는 말이다.

많은 20대가 스펙을 쌓으며 놓치고 있는 게 하나 있다. 바로 '자신을 잘 모른다는 것'이다. 자신에 대해 모르니 무작정 남들 따라가기만 급급한 것이다. 이는 막상 취업 준비를 하면서 불안해지는 이유이기도 하다. 그만큼 20대를 보내면서 많은 경험을 통해 본인을 알아가는 게 중요하다. 다시 한 번 강조하지만, 20대에게 가장 필요한 건 펜으로 얻는 스펙이 아닌 몸으로 얻는 스펙이다.

나는 아르바이트 경험을 통해 스펙을 쌓았다. 말 그대로 '알바 스펙'을 쌓은 것이다. 10년 동안 아르바이트만 약 20개 정도를 경험했다. 맥도날드, 불판 닦기, 순댓국집, 계절밥상, 주유소, 헬스장, 학원, 막노동, 편의점, 카페베네, 할리스, 커핀그루나루, 피자헛, 굽네치킨, 건물 청소, 호텔, 웨딩 뷔페, 이자카야, 무한리필 식당, 전단지, 물류창고 등등 정말 다양한 일자리를 경험했다. 단기 알바까지 포함하면 더 많을 것이다. 이렇게 많은 아르바이트를 하다 보니 나 자신이 누구인지에 대해 알게 되었다. 또한, 아르바이트 세상 속에 수많은 정보와 지혜가 숨겨져 있다는 사실도 깨달았다.

이 책은 스무 살부터 지금까지 10년 동안 아르바이트를 하면서 깨달은 생각과 경험을 모두 담고 있다. 책은 총 5장으로 구성되어 있다. 1장에서는 아르바이트를 해야만 했던 이유를 이야기한다. 2장에서는 다양한 아르바이트에 대한 '알바 스펙' 정보를 자세하게 다룬다. 3장에서는 나의 경험을 토대로 아르바이트 선정 규칙에 대한 노하우를 설명한다. 4장에서는 알바생을 위한 전략적인 아르바이트 비법에 관해 이야기하였고, 마지막 5장에서는 아르바이트를 통해 배울 수 있는 인생의 7가지 지혜를 담았다.

  평범한 대한민국 청년이라면 누구나 아르바이트 경험이 한 번쯤은 있을 것이다. 그중 누군가는 그저 돈만 벌기 위해 시간을 보내고 있을 것이고, 또 누군가는 본인의 인생을 위해 아르바이트를 활용하고 있을 것이다. 전자가 될 것인지, 후자가 될 것인지는 이제 당신의 선택에 달려 있다. 당신이 후자를 선택했다면 반드시 이 책을 보길 바란다. 아르바이트를 바라보는 시야가 달라질 것이라 확신한다. 아르바이트의 모든 걸 담았다. 이제는 더 이상 아르바이트를 돈벌이 수단으로만 활용해선 안 된다. 그러기엔 너무 아까운 경험이기 때문이다. 아르바이트도 스펙이 될 수 있는 시대다.

당신이 취업하기를 원한다면 취업을 위한 수단이 되어줄 것이며, 1인 크리에이터가 되기를 원한다면 유튜브를 위한 콘텐츠도 되어줄 것이다. 실제 많은 유튜버들이 자신의 아르바이트 경험을 콘텐츠로 활용하며 1인 크리에이터로 활동하고 있다. 못 믿겠다면 한번 유튜버에 '아르바이트'를 검색해보자. 수많은 알바 관련 영상이 쏟아져 나올 것이다. 당신의 아르바이트 경험도 이처럼 활용해야만 한다. 절대 당신의 소중한 경험과 노하우를 썩히지 마라. 당신의 아르바이트 경험은 그 무엇과도 바꿀 수 없는 소중한 보물이다. 이제부터라도 아르바이트에 대한 관점을 바꿔보길 진심으로 바란다.

이 책이 나올 수 있도록 코칭해주신 〈한국책쓰기1인창업코칭협회〉의 김태광 대표님과 마지막 계약까지 챙겨주신 '위닝북스'의 권동희 대표님께 감사드린다. 아르바이트를 바라보는 관점을 바꿔주신 것도 김태광 대표님 덕분이었다. 보잘것없다고 생각했던 나의 경험들이 다른 사람들을 위해 큰 도움이 될 거라고 많은 용기와 가르침을 주셨다. 진심으로 감사의 말씀을 드린다.

그리고 기민한 편집과 조언을 해준 미다스북스 편집팀에 감사한 마음을 전한다.

　마지막으로 나의 가장 든든한 지원군인 사랑하는 어머니와 누나, 그리고 예비신부 김효은에게 감사한 마음을 전한다. 끝으로 하늘에서 지켜보고 계실 아버지께 이 책을 바친다.

2019년 10월

김대의

CONTENTS

365알바신공

나는 어떻게
알바신이 되었나!

1

가진 게 없기에, 나는 오늘도 뛴다

하늘이 가난을 주었기에 부지런함을 얻었고,
충분히 교육받지 못할 환경을 선사해 다른 모든 사람을 스승으로 삼게 했다.
- 마쓰시타 고노스케

이른 나이에 철이 들다

"대의야, 빨리 병원으로 와!"

내가 열아홉 살, 고등학교 3학년 때의 일이었다. 나는 학교 가는 길에
누나로부터 전화 한 통을 받았다. 울먹이는 누나의 목소리에는 다급함이
묻어 있었다. 나는 순간 불길한 예감이 들었다.

"아닐 거야, 아닐 거야…."

애써 감정을 감추고 나는 병원으로 뛰어갔다. 병원으로 뛰어가는 동안 수많은 생각이 났다. 아버지는 술을 매일 드셨다. 거의 하루도 빠짐없이 드셨던 것 같다. 술 없이는 이겨낼 수 없는 상처가 많으셨던 것 같다. 그런 아버지가 지금은 이해가 되지만 당시에는 이해되지 않았다. 술만 드시면 술주정하시는 아버지가 밉기도 했지만, 술을 안 드실 때만큼은 세상 누구보다 천사 같은 분이셨다.

입원 당일이었다. 밤새 가슴이 너무 아프다고 고통스러워하셨다. 이전에도 잦은 음주로 몇 번씩 입원한 적이 있었다. 나는 아버지를 모시고 급하게 병원으로 향했다. 결과를 확인한 의사는 상황이 심각하다고 말했다. 당장 수술을 해야 한다고 했다. 막힌 심장 혈관을 뚫는 수술이었다. 나는 그때 처음으로 가족 동의서라는 것을 적어봤다. 수술 중 환자가 낮은 확률로 죽을 수도 있다는 가족 동의서였다. 나는 속으로 생각했다.

'아니, 죽을 수도 있는데 동의서를 왜 써야 해? 죽어도 당신네 탓이다, 이건가?'

난 그때 당시 이러한 상황을 이해할 수 없었다. 그래도 급한 불은 꺼야 하니 울며 겨자 먹기로 엄마와 누나 그리고 나는 동의서를 작성했다. 의사는 수술이 잘 끝났다고 전해왔다. 중환자실에 계신 아버지께 바로 달려갔다. 아직 마취에서 덜 깼는지 계속 누워 계셨다. 그리고 몇 분이 지

알바신의 365 알바신공

났다. 희미하게 의식을 찾으시더니 나를 알아보셨다. 그렇게 우린 서로 말없이 눈빛만 교환했다. 그 모습이 아버지의 마지막이었다. '급성 심근 경색'이었다.

그때 당시를 떠올리면 지금도 너무 마음이 아프다. 그날 아침 나는 병원에 도착했다. 병원에 도착하자마자 평소 같지 않던 울음소리가 들려왔다. 순간 불길한 예감이 들었다. 이러한 예감은 한 번도 피해가는 법이 없었다. 아버지는 곧 돌아가실 것처럼 사경을 헤매고 계셨다. 그리고 얼마 후 의사가 말했다.

"죄송합니다. 돌아가셨습니다…."

그때의 상황이 10년이 지난 지금도 생생하다. 아버지의 죽음을 듣자마자 그대로 다리가 풀려 풀썩 주저앉았다. 드라마에서만 보던 장면이 나에게도 일어난 것이었다.

"나에게 이런 일이 일어날 줄이야…."

그렇게 우리 셋은 아버지를 붙잡고 세상이 떠나가도록 한참 울고 있었다.

아버지의 죽음을 일찍 겪는 바람에 엄마와 누나 그리고 나는 서로에게 많은 힘이 되어주었다. 아버지의 공백이 느껴지지 않을 정도로 우리 셋은 각자의 위치에서 최선을 다했다. 나 역시 힘들게 고생하고 있을 엄마와 누나 생각에 마냥 철없이 행동하지 않았다. 내가 할 수 있는 것이라곤 집에 부담을 주지 않는 일뿐이었다. 그리고 나는 아버지와 약속했다. 지금은 가장으로서 큰 힘이 되지는 못하지만, 나중에 반드시 성공해서 아버지의 못다 한 역할까지 해주겠다고 말이다. 지금도 아버지와 약속을 지키기 위해 열심히 살아가고 있다. 사랑하는 가족이 있기에 지금까지 달려올 수 있었고 앞으로도 달릴 것이다. 그렇게 가족은 항상 나에게 동기부여가 되어주었다.

가족은 나의 힘

아버지는 환경미화원이셨고 엄마는 빌딩 청소 일을 하셨다. 엄마는 예순여덟 살인 지금까지 일하고 계시다. 나는 어렸을 때부터 매일같이 새벽에 나가는 부모님의 모습을 보며 자랐다. 고생하시는 부모님의 모습을 보고 자란 덕에 나는 일찍 철이 들 수 있었다. 나는 지금까지도 생생히 기억나는 아버지의 모습이 있다. 아버지는 겨울만 되면 추운 날씨에 거리에 나가 쌓인 눈까지 치우셔야 했다. 퇴근하고 돌아온 아버지의 코에는 항상 콧물이 맺혀 있었다. 눈까지 내린 탓에 손발이 꽁꽁 얼어 집에 오시면 가장 먼저 이불에 손부터 녹이셨다. 아버지의 손은 항상 노랗게 얼어 있었다. 어린 내가 보기에도 마음이 너무 아팠다. 엄마 역시 30년 가까이 청소 일을 하고 있다. 요즘은 나이 때문인지 부쩍 힘들다는 말을 자주 하신다. 내가 아무리 하지 말라고 해도 소용없다. 하지 말라고 말리면 엄마는 "일 안 하고 집에만 있어 봤자, 우울증에만 걸려."라고 하신다. 나는 그런 엄마에게 미안하고 감사하다. 그리고 이런 엄마의 모습을 나는 존경하고 응원한다.

아버지가 돌아가시고 나는 곧 스무 살이 되었다. 가끔 용돈이 필요했지만 힘들게 일하고 있을 엄마 생각에 용돈을 받을 수 없었다. 가족들에게 짐이 되고 싶지 않았기 때문이다. 나는 그때 처음으로 아르바이트를 해야겠다고 결심했다. 그게 엄마를 도와주는 길이었으니까. 그렇게 나는 용돈을 벌기 위해, 엄마를 돕기 위해 아르바이트를 시작하게 되었다.

나는 평소 누나와 둘이 있는 시간이 많았다. 부모님 두 분 모두 새벽부터 나가 일하셨기 때문이다. 누나는 엄마 대신 요리를 자주 해줬다. 누나가 해주는 김치찌개는 언제 먹어도 맛있다. 이렇듯 누나는 나에게 아버지이자 엄마였다. 나는 아직도 생생히 기억나는 누나의 모습이 있다. 누나와 나는 같은 초등학교에 다녔다. 일주일에 한두 번 정도 점심시간에 과일이 나왔다. 누나는 언제나 과일을 들고 나에게로 내려왔다. 본인 먹을 과일을 나에게 주기 위함이었다. 항상 누나 덕분에 과일을 두 개나 먹을 수 있었다. 그때 당시는 몰랐다. 본인도 좋아하는 과일을 안 먹고 나를 줬다는 사실을. 그 정도로 누나는 동생을 챙기는 착한 누나였다. 아버지가 돌아가시고 누나는 대학에 가지 않고 바로 취업했다. 어려운 살림에 보탬이 되기 위함이었다. 누나는 그때부터 자신이 번 돈의 절반 이상을 집에 가져다주었다. 100만 원이 넘는 금액이었다. 누나 덕분에 나는 대학 4년 동안 등록금 걱정 없이 무사히 다닐 수 있었다. 따지고 보면 누나가 대학을 보내준 것이나 다름이 없었다. 지금도 나는 누나에게 정말 고마운 마음뿐이다. 누나는 늘 나에게 아버지 같은 존재였다.

이렇듯 어려운 환경 속 가족의 모습은 언제나 나에게 큰 동기부여가 되어주었다. 아버지와 엄마는 더우면 더운 대로, 추우면 추운 대로 힘든 환경 속에서 일하는 분들이었다. 누나는 온종일 샌드위치를 만들며 10시간씩 서서 일하고 있다. 퇴근하고 집에 돌아올 때 다리가 부어 있는 걸 몇 번 본 적이 있다. 가족들은 내가 이런 모습들을 보며 속으로 얼마나 울었는지 모를 것이다. 이렇듯 힘들게 일하고 있는 가족들을 생각하면 나는 달리지 않을 수 없었다. 이때부터 나는 가족들에게 보답할 수 있는 유일한 길은 오직 성공하는 길밖에 없다고 생각했던 것 같다. 어린 마음에 '적어도 내가 성공할 때까지는 가족들에게 짐은 되지 말아야겠다.'라고 생각했다. 그래서 나는 아르바이트를 시작하게 된 것이다.

알바신의 알바 꿀팁

가진 게 없기에 더 뛰어야 했다. 결핍은 나의 힘이었다. 가난하다고, 가

진 게 없다고 투덜댈 시간에 아르바이트를 하나라도 더 해보는 것이 낫

다. 당신의 시련이 크면 클수록 당신의 인생에 더 큰 기회와 축복으로 다

가올 것이다.

2

세상은 나에게
친절하지만은 않다

당신이 동의하지 않는 한, 이 세상 누구도 당신의 가치를 깎아내릴 수 없다.
- 엘리너 루스벨트

사람보다 더 중요한 배달

요즘 사회적으로 '갑질 문화' 때문에 말이 많다. 우리 사회는 마치 사장
은 갑, 아르바이트생은 을이라는 인식이 있는 것 같다. 최근 많은 기사에
서도 사장의 불합리한 요구에 많은 알바생이 희생당하는 소식을 심심치
않게 볼 수 있다. 몇 가지 예로, 장시간을 근무해도 휴식시간이 없다거나
각종 수당을 받지 못한다거나 일방적인 해고 통보를 받는 등의 여러 가
지 이유가 있다. 심지어 개인적인 심부름까지 시키는 사장도 있다고 한

다. 이러한 현실이 안타까울 뿐이다. 이제는 사회적으로도 알바생을 더 이상 을이 아닌 엄연한 근로자라고 인식해야 할 때다.

　나는 맥도날드에서 처음 아르바이트를 시작했다. 스무 살 첫 아르바이트였다. 처음이라 많은 것이 서툴렀고 어색했다. 맥도날드엔 스무 살인 나보다 어린 동생들도 여럿 있었다. 보통의 패스트푸드점은 부모님 동의서만 있으면 청소년도 아르바이트가 가능했기 때문이었다. 처음 일을 시작한 나에게 모두 친절하게 대해주었다. 점장님과 매니저를 빼면 말이다. 그렇게 나는 햄버거를 만드는 '크루'라는 직무로 첫 아르바이트를 시작했다. 이후 6개월 정도가 지나고 라이더로 직무를 변경했다. 라이더가 시급이 훨씬 많았기 때문이다. 그때 당시 최저 시급이 4,000원이었다. 라이더는 보통 시간당 5,500~6,000원까지 받았다. 라이더는 배달만 하면 될 것 같지만 그렇지 않다. 배달이 없을 땐 유리창도 닦고, 바닥도 쓸고 콜라 통까지 비우고, 할 게 많았다.

　하루는 비가 꽤 내리던 날이었다. 비 오는 날은 유독 출근하기가 싫었지만, 꾹꾹 참고 나갔다. 라이더는 규정상 의무적으로 보호 장구를 착용해야 한다. 헬멧부터 팔, 다리까지 모든 보호구를 착용했다. 마지막 우비까지 입으며 첫 번째 배달을 나갔다. 평소에 가던 길을 따라 잘 가고 있었는데 갑자기 차가 나타났다. 유턴만 가능한 구간에 불법 좌회전 차량이 신호를 어긴 것이었다. 교통사고 당해본 사람들은 안다. 차가 점점 나에게 가까워지는 느낌을. 나는 순간, '와…, 이거 박겠구나.'라는 느낌이 강하게 들었다. 순식간에 차가 오토바이 옆을 덮쳤다. 나는 그대로 떨어지고 세 번 정도를 굴렀다. 다행히 보호 장구를 착용해서 크게 다치진 않았다. 처음 당해보는 교통사고였다. 어쩔 줄 몰랐다. 운전자는 중년의 여성이었다. 그녀는 차에서 내리자마자 손을 부들부들 떨고 있었다. 나를 보더니 "괜찮아요?"라고 울먹이며 말했다. 사고 처리를 끝내고 나는 매장으로 다시 돌아왔다. 나는 걸을 수는 있는 정도였지만 약간의 통증과 뻐근한 느낌이 계속 들긴 했다. 매니저는 나에게 "지금 사고 때문에 배달이 많이 밀려 있어…, 이거 몇 개만 더 가고 퇴근하자. 응?"이라고 말했다. 정말 황당한 순간이었다. 나는 속으로 생각했다. '사고를 당하고 온 애한테 할 말인가?' 나는 곧바로 "매니저님, 저 몸이 좀 뻐근한 것 같은데 바로 퇴근하면 안 돼요?"라고 했다. 교통사고가 겉으로는 멀쩡해 보여도 점차 시간이 지날수록 몸 구석구석이 경직되고 아파온다. 매니저는 배달만 급했는지 끝내 나를 보내지 않았다. 어쩔 수 없었다. 나는 다시 보호 장구를 차고 우비를 입고 일하다가 정시가 되자 퇴근했다. 이렇게 나는 불합리한 요구를 아무것도 모른 채 받아들이고 있었다.

많은 알바생이 나와 비슷한 경험이 있을 것이다. 아르바이트도 경험이 쌓여야 불합리한 요구에 저항할 수 있고 정당한 요구를 할 수 있게 된다. 대부분의 알바생은 조금이라도 돈을 벌고자 하는 학생들이다. 나 역시 그랬지만 돈이 걸려 있으면 판단이 흐려진다. 가끔 이런 심리를 이용하려는 나쁜 사람들이 있다. 그들에게 알바생 모두가 누군가의 소중한 가족이라는 걸 알려주고 싶다. 보탬이 되기 위해, 부모님께 부담을 주기 싫어서 나온 친구들이 대부분이다. 이러한 알바생들에게 더 이상 상처 주지 않기를 바란다.

세상은 친절하지만은 않았다

돈이 필요한 알바생에겐 설날도 추석도 없다. 혹 명절에 쉬고 싶어도 가게 사정상 마음대로 쉴 수도 없는 게 현실이다. 나 역시 명절만 오면 항상 죄지은 사람처럼 사장님들께 허락을 받아야만 했다. 물론 사정을 봐주신 분들도 있었지만 그렇지 않은 사장님들이 대부분이었다. 연휴라고 장사를 쉴 수 없는 그분들 입장도 충분히 이해는 되었다.

많은 알바생이 설, 추석 등의 연휴에도 일하기를 희망(?)한다고 한다. 단기간 근무해 돈을 벌 수 있다는 점, 평소보다 시급이 세다는 점 등의 이유 때문이다. 누군가에게는 명절도 돈을 벌 기회인 것이다. 특히, 명절에는 단기로 하는 '일일 알바'가 많다. 평소보다 1.5배의 시급을 받으며 명절 내내 일하는 것이다. 시급이 세다는 이유로 인기가 많다.

나는 설 연휴 동안 돈을 벌기 위해 아르바이트를 찾아봤다. 아르바이트를 구할 때 첫 번째로 보는 건 무엇보다 시급이다. 같은 시간이라도 더 많은 돈을 벌고 싶기 때문이다. 마침 설 연휴라 아르바이트 공고가 많이 올라와 있었다. 나의 시선은 이미 '시급 1만 원'에 꽂혀 있었다. 그때 당시 최저 시급은 6,030원이었다. 쭉 따라가 보니 '이자카야 알바 구함'이란 공고가 보였다. 연휴 나흘 동안 저녁 7시부터 12시까지 일급 5만 원씩 준다는 것이었다. '이게 웬 떡이지?'라고 생각하며 바로 면접을 보러 갔다. 사장은 30대 초반쯤으로 꽤 젊어 보였다. 평소 나는 잘 웃는 상이라 면접을 보면 열에 아홉은 합격하는 편이었다. 사장은 다음 날부터 바로 나오라고 했다. 나는 명절 동안 돈을 벌 수 있어 기뻤다. 하지만 그 기쁨은 오래가지 않았다. 돈을 많이 주는 만큼 그 대가는 혹독했다. 수많은 인격 모독과 욕설을 견뎌야 했다.

술집에서 하는 아르바이트는 처음이었다. 모든 게 서툴렀다. 본 건 있어서 검은 바지에 하얀 셔츠를 입고 멋지게 첫 출근을 했다. 사장은 이런 나를 보며 처음엔 꽤 흡족해했다. 하지만 첫날부터 당황했다. 그 전날 씻지 않은 설거지가 산처럼 쌓여 있었다. 사장은 "설거지부터 하면 돼."라고 퉁명스럽게 말했다. 면접 때 봤던 모습은 어디에도 없었다. 나는 바로 설거지부터 시작했다. 설거지 양이 정말 많았다. 그러던 중 첫 손님이 들어왔다. 가게를 둘러보더니 "나중에 다시 올게요."라며 나갔다. (가게가 어둡고 허름하긴 했다.) 나는 속으로 '분위기가 마음에 안 들었나?'라고 생각했다.

그때였다. 사장은 이전에 해왔던 것처럼 아주 능숙하게 이상한 행동을 했다. 소금 한 주먹을 손님이 나간 길에 세 번 정도 뿌려대는 것이었다. 그러면서 욕설을 퍼부었다. 순간 느낌이 좋지 않았다. 설거지가 끝나고 손님들이 있는 곳으로 나갔다. 두 테이블 정도 있었고 다음 손님을 받았다. 주문을 받고 사장에게 알렸다. 나는 그때까지 설거지 말고는 한 게 없었다. 사장은 다짜고짜 나오더니 "아까 내가 하는 거 못 봤어?"라고 하면서 나에게 화를 냈다. 물과 소주잔을 안 가져다줬다는 게 이유였다.

"나는 요리만 해! 나머지는 네가 다 하는 거야. 알겠어?"

이후에도 조금의 실수를 할 때면 "이 새끼 알고 보니까 고문관이네."라는 등의 인격 모독과 욕설을 퍼부었다. 명백히 나에게 하는 화풀이였다. 당장 앞치마를 땅에 꽂고 나가고 싶었다. 하지만 4시간 동안 일을 한 상태였고 "4만 원만 주세요. 저 그만둘래요."라고 말할 용기가 나지 않았다. 그렇게 나는 "죄송합니다."라고 말하고 나흘 동안 20만 원을 받기 위해 버텼다.

이때 나는 느꼈다. 알바생이 돈 앞에서 한없이 약한 존재라는 사실을. 나는 돈을 벌어야만 했고 돈을 주는 사람에겐 화 한 번 낼 수 없는 게 현실이었다. 이럴 수도 저럴 수도 없는 상황이었다. 단돈 몇만 원 때문에 상황을 복잡하게 하고 싶지 않았다. 그저 버티는 것만이 답이었다. 일하는 내내 돈만 받고 안 보면 그만이라는 생각밖에 없었다. 지금에야 그깟 4만 원이 뭐가 아까워서 꿀 먹은 벙어리처럼 있었는지 나 자신에게 미안할 정도다. 그런 사람한테 화 한 번 못 낸 게 후회스럽기까지 하다. 당시 나는 왜 알바생이 을이 될 수밖에 없는지 그 이유를 절실히 깨달았다.

알바신의 알바 꿀팁

불합리한 대우를 받았다면 고용노동부에 신고하라. 본인이 일한 시간에

대한 임금 요구는 모두 돌려받을 수 있다. 하지만 당신 역시 무단으로 근

무지를 이탈하는 무책임한 행동을 해서는 안 된다.

3

남의 돈 벌기는
정말, 정말로 쉽지 않다

강을 거슬러 헤엄치는 자가 강물의 세기를 안다.
- W. 윌슨

땀을 돈으로 바꾸다

누구나 아르바이트를 하면서 극한의 경험을 해본 적이 있을 것이다.
내가 했던 아르바이트 중 '불판 닦기'는 손에 꼽을 정도로 힘들었다. 8월
쯤 되는 무더운 날씨에 고깃집에서 아르바이트를 할 때였다. 내가 하는
일은 식당 전체를 쓸고 닦은 후 고기 '불판 닦는 일'이었다. 나는 고기 불
판이 '이런 과정을 거쳐 나오는구나….'라고 그때 알았다. 가게 밖에는 천
막으로 덮인 방 한 칸 정도의 쪽방이 있었다. 여기에 물탱크 반만 한 크

기의 대형 통이 있었다. 통 안에는 정체를 알 수 없는 소독 약품이 가득 담겨 있었다. 냄새가 정말 역했다. 후각이 적응하는 데 시간이 좀 필요했다. 이전 장사 때 사용한 고기 불판이 80~100개 정도 잠겨 있었다. 하루에서 이틀 정도를 소독한 것이었다. 나는 큰 장갑에 앞치마까지 두르고 '고기 불판'을 다 꺼냈다. 원형의 '고기 불판'이었는데 이를 1차적으로 세척하는 기계가 따로 있었다. 기계 위로 불판을 넣으면 뻥튀기가 나오듯 '통' 하고 불판이 씻겨 나왔다. 나온 불판을 철 브러쉬로 구석구석 깨끗하게 닦는 게 내 역할이었다. 한여름에 앞치마까지 두르고 쪽방에서 불판 닦는 일이 쉽진 않았다. 더운 날 역하기까지 하니 정말 괴로웠다. 가끔 정체 모를 약품이 살이나 옷에 묻으면 짜증이 나서 소리를 질렀다. 이렇게 1~2시간 동안 불판을 닦고 나오면 온몸에 땀이 비 오듯 쏟아졌다.

불판 닦기는 내가 경험한 극한 아르바이트 중 하나였다. 그때 왜 어른들이 "남의 돈 벌기가 쉬운 줄 알아?"라고 말했는지 뼈저리게 느꼈다. 이때 처음으로 돈의 소중함을 느꼈던 것 같다. 정말로 땀에 흠뻑 젖어보니 돈 벌기가 쉽지 않다는 것을 느끼게 되었다. 나는 삶이 그렇듯 아르바이트 역시 힘든 일을 할 때 배우는 게 더 많다고 생각한다. 지금도 나는 고깃집에 가면 "불판 좀 갈아주세요."라고 말하기가 미안하다. 깨끗한 불판 하나가 얼마나 힘든 과정을 통해 나오는지 알고 있기 때문이다. 이런 이유로 가끔은 가족들에게 핀잔을 듣기도 하지만 잘 고쳐지지 않는다. 이렇듯 나는 아르바이트를 통해 돈 버는 게 쉽지 않음을 느끼고 있었다.

어느 날 친구의 권유로 무한리필 집에서 아르바이트를 하게 되었다. 친구 지인분이 운영하는 '조개구이 무한리필' 가게였다. 2013년 당시는 조개구이가 붐이었다. 우리 동네만 해도 길 양옆을 두고 조개구이 가게 두 곳이 경쟁하고 있을 정도였다. 특히 내가 했던 곳은 방송에 나왔을 정도로 유명한 맛집이었다. 최소 웨이팅 시간이 한 시간은 넘어야 먹을 수 있었다. 심지어 저녁 7시부터 10시까지는 웨이팅이 끊이질 않았다. 일할 때면 이곳저곳에서 리필해 달라는 고객의 요청에 정신이 하나도 없었다.

한번은 고객분께서 "가리비 좀 리필해주세요."라고 말씀하셨다. 나는 당연히 주방에 가서 가리비 8조각을 접시에 담고 있었다. 순간 갑자기 사장님이 왜 가리비를 8개나 주냐며 화를 냈다. 4개만 주라고 했다. 여기까지는 이해했다. 그리고 나는 가리비 4개를 담은 접시를 손님께 드렸다. 손님이 '겨우 4개밖에 안 주냐?'라는 표정이었지만 애써 외면했다. 그 손님은 가리비 4개를 불판에 올리자마자 바로 또 나에게 "가리비 더 리필해 주세요."라고 말했다. 이번에도 주방에 가서 사장님이 말한 대로 4개를 담고 있었다. 그런데 사장님이 짜증을 내면서 말하는 것이었다.

"왜 자꾸 리필해줘? 방금 리필해줬잖아."

알바신의 365 알바신공

"손님이 달라고 하잖아요!"

나 역시 순간 화가 나서 따지듯 얘기했다. 그 뒤 사장님의 말은 더 충격적이었다.

"그럼 못 들은 척하면 되잖아! 그냥 못 들은 척 지나쳐서 와!"

지금도 잊히지 않는 역대급 악덕 사장이었다. 믿기지 않겠지만 실제이야기다. 정말 고래 싸움에 등이 터지는 새우 꼴이었다. 정말 사장님과 손님 사이에서 이러지도 못하고 저러지도 못하는 상황이었다. 당장 그만두고 싶었다.

몸도 당연히 힘들었지만, 무한리필 가게는 정신적으로 더 힘들었다. '남의 돈 벌기가 이렇게 힘들구나.' 싶었다. 물론 사업이라는 게 이익을 목적으로 하는 것은 이해한다. 하지만 많은 사장을 보면서 너무 눈앞의 이익만을 좇는다는 것을 느꼈다. 결국, 그 가게는 여전히 남아 있기는 하지만 망하기 직전이다. 뿌린 대로 거둔 것이다. 손님들은 안 봐도 다 알고 있다. 손님들은 결코 불친절한 식당에 두 번 다시 오지 않는다. 나는 지금도 그녀의 태도에 의문이 남는다. "그럴 거면 도대체 왜 무한 리필을 하셨어요?"라고 묻고 싶다.

아르바이트의 특징

아르바이트에는 다음과 같이 네 가지 특징이 있다.

첫째, 돈을 많이 주고 힘든 아르바이트

둘째, 돈을 적게 주고 힘든 아르바이트

셋째, 돈을 많이 주고 쉬운 아르바이트

넷째, 돈을 적게 주고 쉬운 아르바이트

아르바이트하기 전 이 네 가지 특징을 잘 따져서 해야 한다. 처음 도전해보는 것도 좋지만 자신과 맞지 않으면 몸이 상할 수도 있어 잘 알아보고 해야 한다. 대표적으로 많은 힘을 써야 하는 아르바이트나 한 가지의 자세로 허리나 목에 무리가 가는 아르바이트는 주의해야 한다. 너무 힘들어 기억에 남는 또 하나의 아르바이트가 있다. 바로 서울아산병원 푸드 코트 아르바이트다. 이 아르바이트는 위의 네 가지 중 '돈을 적게 주고 힘든 아르바이트'에 속했다. 내가 생각했던 '푸드 코트'는 점심, 저녁에만 바쁘고 나머지는 한가할 줄 알았다. 그래서 '시급도 최저 시급으로 주는구나…'라고 생각했다. 나는 그때 처음 알았다. 아산병원 같은 대형 병원은 사람들의 발길이 끊이지 않는다는 사실을. 푸드 코트 알바는 주방 안에 들어가 식기를 닦는 업무였다. 집에서도 설거지를 줄곧 하는 편이어서 쉽게 생각하고 있었다.

옷을 갈아입고 바로 주방으로 투입됐다. 대형 병원답게 푸드 코트의 규모도 엄청나게 컸다. 주방 안에만 사람이 7명 정도가 있었다. 한두 명 정도가 식기를 분류하고 기본 세척을 담당했다. 두세 명 정도는 식기세척기에 들어가기 전에 일차적으로 식기를 깨끗이 닦는다. 마지막 한두 명이 식기세척기에 식기를 종류별로 넣고 빼는 작업을 진행한다. 나는 두 명의 이모들과 수세미 하나씩 잡고 설거지를 했다. 얼마나 바쁜지 허리 펼 시간이 없을 정도였다. 높이도 맞지 않고 한 자세로 설거지를 하다 보니 허리가 정말 아팠다. 〈모던 타임즈〉란 영화를 본적이 있는가? 여러 개의 부품을 계속 찍어내듯 무한정 설거지를 씻어내고 있었다.

아르바이트를 하면 할수록 남의 돈 버는 게 쉽지 않다는 걸 느꼈다. 하지만 힘든 아르바이트일수록 돈에 대한 보람은 더 컸다. 마치 힘든 군 생활이 더 기억에 남듯 힘든 아르바이트가 더 오래 추억으로 남았다. 또한, 아르바이트할 때마다 느끼는 게 하나 있었다. 보이지 않는 곳에서 힘들게 돈 버는 분들이 이렇게나 많다는 것을, 그리고 이분들 모두가 생계를 책임지고 있는 누군가의 아버지이자 어머니이며, 열심히 사는 청년이라는 사실을 말이다. 일하기 전에는 알 수 없었던 것들이었다. 아르바이트를 통해 보이지 않았던 세상이 조금씩 보이기 시작했다.

알바신의 알바 꿀팁

세상에 쉬워 보이는 일은 있어도 쉬운 일은 없었다. 특히 푸드 코트나 식

당을 가면 보이지 않는 곳에서 고생하시는 이모님들이 너무 많았다. 그

분들 모두가 누군가의 어머니였다. 그렇게 힘든 일을 하고 있다는 걸 알

바를 통해 처음 알았다. 왜 '피땀 흘려 번 돈'이라 하는지 이해하게 되었

다.

4

아르바이트를 인생에서
활용할 수 있을까?

경험으로 사는 것은 값비싼 지혜이다.
- 로저 아샴

새벽 알바에 도전하다

'아르바이트는 단순히 돈만 벌 목적으로 하는 걸까?'라는 질문을 해볼
필요가 있다. 나 역시 처음 아르바이트를 시작할 땐 단순히 돈만 벌 목적
으로 했다. 돈만 필요했기 때문이었다. 하지만 아르바이트를 시작하고
10년이 지난 지금 깨달았다. 내가 했던 아르바이트 경험들이 인생 곳곳
에 소중히 쓰이고 있다는 사실을 말이다. 우리는 현재에 깨닫지 못한 일
들을 미래에 갔을 때 깨닫는 경우가 많다. 다시 말해, 현재가 과거가 되

었을 때 비로소 깨닫게 되는 것이다. 그럼 미리 알 방법은 없을까? 바로 타인의 경험을 빌리면 된다. 여러분은 이 책을 통해 아르바이트에 관한 생각이 완전히 뒤바뀌게 될 것이다. 다음은 내가 10년 동안 치열하게 아르바이트를 하면서 느꼈던 장점들이다.

첫째, 돈까지 받으며 인생을 배울 수 있다.

둘째, 취업 성공 재료인 스펙이 된다.

셋째, 시간 관리를 효율적으로 할 수 있다.

여러분도 이제 돈만 벌기 위한 아르바이트는 하지 말자. 위의 세 가지를 기억한다면 훨씬 의미 있는 아르바이트를 할 수 있을 것이다. 30대가 되니 자연스럽게 20대를 돌아보게 된다. 20대를 돌아봤을 때 '가장 후회되는 게 무엇일까?'라고 질문을 해본 적이 있었다.

나는 '무의미한 늦잠'을 잤던 게 가장 후회되었다. 한 번쯤은 이런 경험이 있을 것이다. '일어나 봤자 할 것도 없는데, 잠이나 더 자자.' 이렇듯 할 게 없으면 우리는 늦잠을 자게 된다. 그럼, 무의미한 늦잠을 자지 않기 위해선 어떻게 해야 할까? 아침에 할 걸 만들면 된다. 이렇듯 나에게 있어 무의미한 늦잠은 20대를 돌아볼 때 가장 후회되는 행동이었다. 20대 청년들에게 꼭 추천하고 싶은 아르바이트가 있다. 바로 '새벽 알바'에 도전하라는 것이다.

나는 평소에도 항상 새벽형 인간을 꿈꾸고 있었다. 하지만 새벽 기상을 한다는 게 쉬운 일이 아니었다. 실천해도 금방 작심삼일로 돌아가고 말았다. 새벽에 일어나도 할 게 없으니 계속 '무의미한 늦잠'만 자게 되었다. '이러한 문제를 해결할 방법이 없을까?'라는 고민을 많이 했다. 새벽을 정말 의미 있게 활용하고 싶었다. 나는 인터넷을 샅샅이 뒤졌다. 지식인에 글 하나를 발견할 수 있었다. '아침에 일어나자마자 물을 먹고 샤워를 해라.'라고 쓰여 있었다. 다음 날 아침이 되었다. 물을 두 컵 정도를 마신 후 샤워를 하고 나왔다. 그리고 다시 방으로 돌아왔다. 아무것도 할 게 없었다. 할 게 없으니 또다시 침대 위에 자연스럽게 앉게 되었다. 앉으면? 당연히 눕고 싶어진다. 그렇게 나는 새벽에 일어나 평소보다 못잔 잠을 더 많이 자게 되었다. 그렇게 또 늦잠을 잤다.

"이럴 거면 왜 일찍 일어난 거야!"

후회가 밀려왔다. 다시 인터넷과 유튜브를 찾았다. 이번에는 밖으로 나가 뛰라고 했다. 다음 날 아침이 되었다. 나는 물을 마시고 바로 한강으로 뛰어갔다. 30분 정도 뛰고 돌아온 뒤 샤워까지 했다. 그리고 다시 방으로 돌아왔다. 또 할 게 없었다. 그 순간이었다. 이번에도 자려고 하는 것이었다. 그때 나는 깨달았다. '아! 할 게 없으면 계속 자려고 하는구나!' 그리고 나는 새벽에 할 수 있는 게 뭐가 있을까 찾아봤다. 아침 독서

모임, 취미 동호회 등의 여러 가지가 있었다. 모두 구미가 당기지 않았다. 순간 생각이 스쳤다. 바로 아르바이트였다. 찾아보니 다양한 새벽 알바가 있었다. 야채 가게 상하차, 헬스장 알바 등이 가장 많았다. 헬스장 알바 같은 경우 공짜로 헬스까지 할 수 있어서 그렇게 헬스장 알바를 시작했다. 매일 아침 6시부터 8시까지 청소를 하며 오픈 준비를 했다. 마침내 나에게 '새벽 알바'로 할 일이 생기는 순간이었다. 이후 더 이상의 무의미한 늦잠은 자지 않게 되었다.

처음엔 일어나기도 힘들고 새벽부터 고생이었다. 나는 우선 지르고 적응하는 스타일이었다. 머리가 들어가니 자연히 몸이 따라 들어갔다. 며칠 동안 꾸준히 하니 어느새 새벽에 적응하고 있었다. 그리고 나는 '새벽 알바' 덕분에 비로소 새벽형 인간이 될 수 있었다. 아침잠을 이기고 싶거나 새벽형 인간을 원하는 사람은 '새벽 알바'에 도전해보라고 말하고 싶다.

막노동에 눈을 뜨다

나는 급전이 필요할 때면 언제나 막노동을 찾았다. 하루 만에 큰돈을 버는 데는 막노동만 한 게 없었기 때문이다. 한 번쯤은 막노동도 경험해보길 바란다. 나는 스무 살 때 처음 막노동을 하게 되었다. 처음 시작한 계기는 단순 호기심이었다. 그때 당시 힘든 아르바이트의 대명사(?)였기 때문이었다. 그때 당시 '남자라면 막노동 정도 해봐야 하지 않겠어?'라는 분위기가 있었다. 막상 하려니 걱정이 앞서긴 했다. 주변에서 들은 얘기가 있었기 때문이었다. 막노동을 하려면 최소 새벽 4~5시쯤 일어나야 한다. 아침잠이 많은 사람에게는 인력사무소로 가는 것조차 힘든 일이다. 처음에는 너무 피곤했다. 4시 30분쯤 나갔던 것 같다. 인력사무소에 도착하니 많은 사람이 커피를 마시며 대기하고 있었다. 나이가 지긋이 많아 보이는 분들도 여럿 있었다. 그때 당시 공사 현장은 보통 '9만 원 일당'과 '10만 원 일당'으로 나뉘었다. 보통 9만 원의 일당은 주로 자재를 치우는 일로 강도가 낮은 일이었고, 반대로 10만 원을 받는 일당은 자신의 키보다 큰 쇠파이프나 무거운 자재들은 옮기는 일이었다.

인력사무소의 직원은 나에게 힘 잘 쓸 것 같다며 10만 원 현장으로 보냈다. 현장에 도착하면 보통 7시쯤 되었다. 아침을 먹은 후 본격적으로 일을 시작하게 된다. 그날 역할은 건물 층 사이를 지탱해주는 쇠파이프를 해체하고 한쪽으로 옮기는 것이었다. 두꺼운 건 정말 무거웠다. 일 중간에 새참으로 빵과 우유가 나오는데 막노동의 꽃 같은 시간이다. 먹는 동안은 잠시 쉴 수 있었기 때문이었다. 그렇게 하루 동안 일해서 번 돈은 10%를 제외하고 91,000원 정도였다.

젊어서 하는 알바는 사서도 해야 한다고 생각한다. 나의 경험을 통해 깨달았다. 인생이 그렇듯 아르바이트 역시 힘든 만큼 미래에 더 큰 결과로 돌아온다. 나는 누구보다 아르바이트 덕을 크게 봤다. 새벽 알바를 해봤기 때문에 무의미한 시간을 아낄 수 있었고 막노동을 했기에 열악한 작업 환경을 보고 느낄 수 있었다. 이렇듯 아르바이트는 20대 때 돈까지 받으면서 인생을 배울 수 있는 소중한 경험이다. 그리고 지금은 못 느끼겠지만 여러분이 하는 그 아르바이트가 여러분이 간절히 바라는 취업의 길을 열어줄 것이다. 이제 더 이상 아르바이트를 돈벌이 수단으로만 생각하지 않길 바란다. 아르바이트가 나의 인생에서 어떻게 활용될 수 있는지 생각해볼 시점이다.

알바신의 알바 꿀팁

새벽 알바는 하루를 길게 쓰기에 좋다. 아침잠이 많은 사람이라면 새벽 알바로 극복하길 추천한다. 처음엔 힘들지만 꾸준히 하다 보면 적응할 수 있다. 새벽 알바를 일단 시작하면 책임감 때문에라도 일어나게 되어 있다. 이렇듯 스스로 극복하기 어렵다면 알바를 활용하라.

5

엄밀히 말하면
아르바이트도 경험이다

경험을 현명하게 사용한다면, 어떤 일도 시간 낭비는 아니다.

- 오귀스트 르네 로댕

알바 경험이 곧 스펙이다

요즘 많은 청년이 자신의 소중한 청춘을 스펙 쌓기에 모두 허비하고 있다. 너나 할 것 없이 스펙 쌓기에 혈안이 되어 있을 정도다. 청춘들 스스로가 원해서 스펙 쌓기를 하고 있다고 생각하진 않는다. 스펙은 단지 사회가 만들어낸 기준일 뿐이기 때문이다. 이처럼 기준 이상은 넘어야 취업 문턱이라도 보일 테니 말이다. 말 그대로 몸부림이라도 치는 것이다. 그렇게 해야만 1차 서류 전형이라도 무사히 통과할 수 있을 것 같은 마음에서다. 이렇듯 청춘들은 아무 잘못이 없다.

사회가 만들어낸 스펙은 말 그대로 시간 낭비다. 본인의 눈부신 미래를 향한 길에 꼭 필요한 스펙이 아니라면 그 이상의 가치는 없는 것이다. 이렇다 보니 스펙만 따며 고생 끝에 들어간 직장은 생각했던 것과 너무 다르다. 다닐수록 하는 일은 마음에 들지 않는다. 스펙만 따느라 직무에 대한 진지한 고민을 건너뛰었기 때문이다. 말 그대로 시간 낭비 돈 낭비다. 이러한 이유로 퇴사하는 비율 역시 굉장히 높다. 한국경영자총협회의 조사에 따르면 대졸 신입사원의 1년 내 퇴사율은 2012년 23%에서 2016년 기준, 무려 28%로 높아지는 추세라 한다. 지금은 30%쯤 되지 않을까 싶다. 많게는 3명 중 1명은 1년 내 '퇴사'라는 선택을 하는 것이다. 뭐가 문제일까? 왜 우리는 그토록 학점, 자격증, 해외 유학, 어학 점수, 공모전 등에 목숨 걸고 준비해서 원하던 기업에 들어갔는데도 퇴사하는 것일까? 나는 그 답을 경험 부족에서 찾고 싶다. 나도 그랬다.

많은 청년이 본인 스스로 무엇을 원하는지 잘 알지 못한다. 지금의 현실 속에서 스스로에 대해 생각해볼 시간이 한없이 부족하기 때문이다. 남들이 모두 스펙 준비에 여념이 없을 때 자신에 대해 생각할 수 있는 용기는 아무나 낼 수 있는 것이 아니다. 그래서 우리는 스스로에 대해 잘 알지 못한다.

자신을 알기 위한 가장 좋은 방법은 새로운 환경에 부딪혀보는 것이다. 이렇듯 청년들은 새로운 경험이 턱없이 부족하다. 나는 그 경험 부족을 다양한 아르바이트에서 찾으라고 권하고 싶다. 아르바이트는 우리가 회사 생활을 시작하기 전에 많은 경험을 접해볼 수 있는 '작은 회사'가 되기 때문이다.

나 역시 취업 전 경험했던 아르바이트 개수만 약 20개 정도가 넘는다. '일일 알바', '단기 알바'를 포함하면 약 30개 정도는 넘지 않을까. 나는 자신 있게 말할 수 있다. 아르바이트를 통해 적어도 내가 어떤 사람인지 알수 있다. 스스로가 외향적인 사람인지, 내향적인 사람인지, 책임감은 있는지 없는지, 창의적인 사람인지 아닌지, 머리를 쓰는 게 좋은지 아니면 몸을 쓰는 게 좋은지 등 말이다. 생각 없이 돈만 버는 것 말고 아르바이트를 통해 나 자신을 한번 들여다보자. 그러면 분명 일을 통해 나의 성격이 보일 것이고 그에 맞는 직무를 찾을 수 있을 것이다. 그러니 최대한 많은 곳에서 다양한 아르바이트를 경험해보길 바란다.

경험이 중요시되는 사회

여러분은 아르바이트 경험이 취업할 때 얼마나 도움 된다고 생각하는가? 취업준비생들 사이에서는 이른바 '5대 스펙', '8대 스펙'이란 말이 돌고 있다. 5대 스펙은 우리가 잘 알고 있는 학력, 학점, 토익, 해외 연수,

자격증을 말한다. 8대 스펙은 5대 스펙에 봉사 활동, 인턴, 수상 경력까지 포함하는 것이다. 지금은 토익 스피킹, 오픽도 필수인 시대니 9대, 10대 스펙 정도는 되지 않을까? 도대체 왜 이러는 걸까. 남들이 다 가지고 있는 스펙은 더 이상 스펙이 아니라는 사실을 왜 모르는 걸까. 이러한 현실 속에서 살아가는 청춘들이 안타깝기만 하다. 의아한 점은 수많은 스펙 목록 중에 아무리 눈 씻고 찾아봐도 아르바이트는 없다. 웃긴 일이 아닐 수 없다. 나는 아르바이트만큼 현업을 가장 근접하게 경험할 수 있는 게 또 있을까 싶은데 말이다. 내가 했던 아르바이트 중에서 커피전문점, 한식 뷔페, 편의점이 그랬다. 내가 이 중에 한 곳에서 매니저나 컨설턴트로 취업을 하고 싶다고 가정하자. 여러분은 위에 있는 10대 스펙 중에 현업에 필요한 스펙이 몇 개나 있을 것으로 생각하는가? 그나마 커피전문점에서 활용할 수 있는 '바리스타 자격증' 정도나 있을 것이다. 나는 이세 곳에 취업하려면 현장 업무가 가장 중요하다고 생각한다. 말 그대로 아르바이트 스펙이 가장 중요한 것이다. 직접 커피도 만들어보고, 편의점 상품들을 진열도 해봐야 한다. 또한, 서빙도 해보고 고객과 커뮤니케이션을 통해 부딪쳐봐야 비로소 그 일을 참으로 알 수 있는 것이다.

나 역시 원하는 기업에 들어가기 위해 한식 뷔페에서 6개월간 일했던 경험이 있다. 이렇듯 취업에 도움 되는 아르바이트를 하면서 취업 준비하는 것을 추천한다. 어차피 돈 벌려고 하는 것이니 '알바 스펙'까지 쌓으면 일거양득인 셈이다. 대표적으로 대형 프랜차이즈 매장 중 CJ그룹, CU/GS 편의점, 파리바게트, 이디야 등이 있다. CJ그룹이나 이디야 같은 경우에는 일정 기간 이상 근무한 자에게 서류 통과나 가산점의 혜택을 부여하고 있다. 편의점도 가산점의 혜택은 마찬가지다. 나 역시 그 혜택을 본 사람 중 한 명이다. 나는 지원 동기와 장단점을 기재하는 공란에 항상 아르바이트 경험을 써냈다. 이처럼 기업으로서도 경험 위주의 스토리를 풀어내면 훨씬 좋아한다. 아르바이트를 통해 겪었던 상황 속에서 어떤 판단을 했고 어떻게 해결했는지 본인의 경험을 풀어쓴다면 합격에 가까워질 것이다. 실제로 나는 영업 직무의 지원 동기를 기재하는 공란에 고객으로부터 다수의 칭찬 글을 받았던 내용을 썼다. 그리고 평소 잘 웃고 싹싹한 성격 덕분에 사람들과 좋은 관계를 맺을 수 있는 장점도 적었다. 어렵지 않게 서류 전형을 통과할 수 있었다. 그 밖에도 많은 기업의 서류 전형에서 아르바이트 경험을 풀어썼고, 그 결과 서류 통과율이 꽤 높은 편이었다. 많은 취업준비생이 1차 관문인 서류 전형부터 탈락하는 경우가 대부분이다. 더 이상은 지원하는 기업에 필요 없는 스펙은 쌓을 필요가 없다. 남들이 5대 스펙, 8대 스펙 준비할 때 서류 통과를 위한 자신만의 경험을 쌓는 게 훨씬 효율적이다.

이제는 아르바이트를 단순 돈벌이의 수단으로만 생각하면 안 된다. 앞으로 세상은 더 많은 경험을 한 사람들을 원할 것이다. 이제는 경험의 시대인 만큼 아르바이트는 선택이 아닌 필수다. 도서관에 앉아서 책만 본다고 취업 되는 시대는 지났다. 이제는 도서관이 아닌 세상 밖으로 나가서 공부하자. 경험을 쌓는 일이라면 뭐든 좋다. 아르바이트를 해도 좋고, 공모전을 해도 좋고, 봉사 활동을 해도 좋다. 도서관과 집에만 있지 않으면 된다. 20대는 집에 있으면 안 된다. 최대한 많은 경험을 하고 사회로 나가야 쉽게 다치지 않는다. '회사 안은 전쟁터이지만 회사 밖은 지옥'이란 말도 있지 않은가. 이렇듯 세상은 여러분이 생각하는 이상으로 차갑고 냉정하다. 전쟁터와 지옥에서 이겨낼 수 있는 최고의 방법은 오직 수많은 경험뿐이란 것을 명심하자.

알바신의 알바 꿀팁

경험이 스펙이 되는 시대인 만큼 '알바 스펙'의 중요성이 부각되고 있다. 많은 기업에서 관련 직무 경험을 요구하고 있다. 도서관에 앉아 의미 없는 스펙이나 공부할 시간에 밖에 나가 '알바 스펙' 하나라도 더 쌓아라. 훨씬 쉽게 취업문을 열 수 있을 것이다.

6

아르바이트로
인생의 참교육을 받았다

경험은 배울 줄 아는 사람만 가르친다.
- 올더스 헉슬리

알바를 통해 예절을 배우다

우리는 언제, 어떤 계기로 철이 들까? 슬픈 경험이나 힘든 일을 통해
들 때도 있고 깊은 대화를 통해서 들기도 한다. 나는 아르바이트를 통해
철이 들었다. 철없던 스무 살 시절 처음으로 사회적 예절을 배워나갔다.
스무 살의 남자라 하면 멋도 좀 부리고 싶고, 여자친구도 만들고 싶고,
술도 마시고 싶고, 하고 싶은 게 참 많은 시기다. 그만큼 스스로 제어할
수도 없는 나이기도 한 것 같다. 스무 살이 되고 가장 많이 들었던 말이

있었다. 바로 이 말이었다.

"너 왜 이렇게 개념이 없어?"

그때 당시를 돌이켜보면 이 말을 정말 듣기 싫어했던 것 같다. 이런 말을 들을 때면 속으로 혼잣말을 했다. '자기들은 얼마나 개념 있다고 저러지?, 처음부터 개념 있었나?'라고 말이다. 내가 20대를 겪어보니 20대는 개념이 좀 없어도 괜찮다. 아니, 개념이 없을 수밖에 없다. 학생에서 성인으로 가는 과정에서 사회를 배우고 있다는 증거이기 때문이니까. 나역시 스무 살 때를 떠올려보면 모든 게 제멋대로였다.

우리 집은 굉장히 보수적이었다. 머리 한 번 기르지 못했고 염색도, 파마도 한 번 해본 적 없었다. 중학교 3년 내내 스포츠머리를 하고 다녔다. 부모님이 하라고 했기에 그렇게 했다. 지금 보면 부모님 말씀 참 잘 듣는 착한 아들이었다. 그렇게 3년을 보내고 고등학생이 되어서도 내 머리는 3년 내내 반삭발이었다. 고등학교 졸업사진을 보면 앞머리가 하나도 없이 빡빡 밀려 있다. 가끔은 학창시절 때 멋도 좀 부려보고 할 걸 하며 후회되기도 한다. 그렇게 나는 내부의 있는 욕구들을 꾹꾹 참아가며 학창시절을 보냈다.

스무 살이 되니 집에서도 더 이상 뭐라 말씀을 안 하셨다. 스무 살이 되자마자 바로 못 해본 것들부터 시도했다. 그렇게 처음으로 간 곳이 미용실이었다. 태어나서 처음으로 파마를 했다. 파마도 그냥 파마가 아니었다. 와인색 빛이 도는 염색에 파마까지 했다. 처음엔 염색까지 할 생각은 없었는데 수능 할인에 넘어갔다. 첫 번째 일탈(?)이 그렇게 끝났다. 결과적으로 나름 마음에 들었다. 그때 당시 〈꽃보다 남자〉라는 드라마가 유행이었는데 어딜 가나 구준표라는 소리를 들었다. 물론 헤어스타일만. 스무 살 시절을 떠올려보면 잠재된 모든 욕구를 터트리는 시기였던 것 같다. 그 당시 스무 살이 할 수 있는 건 다하고 싶었다.

하지만, 돈이 문제였다. 하고 싶은 것을 다하기 위해서는 당연히 돈이 필요했다. 집에 돈을 달라고 해봤자 편히 쓰지 못할 게 뻔했다. 그래서 나는 아르바이트를 시작했다. 그 첫 아르바이트가 맥도날드였다. 2009년 당시 이제 막 수능을 친 그해 겨울, 친구가 아르바이트를 소개해줬다. 내 생애 첫 면접이었다. 떨리는 마음으로 점장님과 면접을 봤다. 특별한 질문 없이 '집은 어디냐', '잘할 수 있겠냐'는 등의 기본적인 내용들만 물었다. 그렇게 나는 면접에 합격했고 바로 출근하게 되었다. 아르바이트 인생의 시작을 알리게 된 것이다.

스무 살 때는 말 그대로 질풍노도의 시기였다. 이런 나를 교육하려니 점장과 매니저도 꽤 힘들었을 것 같다는 생각도 든다. 처음엔 모든 것을 매뉴얼대로 해야 하는 것과 청결 문제로 많이 혼났다. 속으로 매번 '이런 것까지 다 신경 써야 해?'라고 생각했다. 가끔 지각이나 무단결석으로 인해 심하게 혼난 적도 있었다. 이러한 경험을 통해 사회적 예절과 책임감을 하나씩 배워가고 있었다. 그렇게 알바를 통해 예절을 배우기 시작한 것이었다.

지금도 가장 싫어하는 것이 '쓸데없이 욕먹는 것'이다. 욕먹지 않아도 될 것으로 욕먹는 것이다. 이는 10년 동안 아르바이트를 하면서 생긴 습관이다. 일을 통해 배우고 혼나다 보면 눈치가 늘고 행동이 조심스러워진다. 늘 일하면서 혼났던 것들이 지금까지도 습관에 남아 있다. 그래서 가끔은 필요 이상으로 눈치를 볼 때도 있지만, 눈 밖에 나는 행동을 하지 않아 덜 혼나는 장점도 있는 것 같다. 아르바이트를 통해 조금씩 세상을 배워나가고 있었다.

선생님이 되어준 아르바이트

아르바이트를 통해 고생 좀 하다 보면 철이 안 들 수가 없다. 그 어딜 가도 아르바이트만큼 세상에 관한 참교육을 해줄 곳은 없었다. 나는 아르바이트를 할수록 부모님 생각이 많이 났다. 안 좋은 일이 있거나 불합리한 대우를 당했을 때 특히 더 그랬다. 내가 겪었던 일들을 부모님 역시 겪었을 생각에 마음이 아프기도 했다. 당연하다는 듯한 명령적인 말투, 실수했을 때의 욕설과 모욕 등이 그랬다. 그런 날이면 집에 돌아갈 때 기운이 하나도 없었다. 나의 그런 모습을 보며 부모님이 이해되었다. 이런 일을 겪을수록 스스로 더 강해져야만 한다고 나 자신을 많이 다독였다.

일을 하다 보면 어딜 가나 관리자와 근로자가 있다. 알바생 역시 근로자나 마찬가지다. 관리자 중 알바생을 부리는 게 당연하다고 여기는 사람들이 종종 있었다. 좀 과격하게 표현하면 마치 종을 부리듯 하는 사람들 말이다. 물론 그러지 않는 관리자들이 대부분이다. 이런 분들은 보통 어떤 일을 부탁할 때도 이렇게 말한다.

"~해줄 수 있어?"
"~좀 가져다줄래?"

그러면 듣는 사람 입장에서도 기분 좋게 그 일을 할 수 있다. 반대로 이렇게 말하는 사람들도 있다.

"야, 저것 좀 가져와."
"바닥 좀 닦아라."
"왜 놀고 있는 거야?"

그렇듯 강한 명령조로 말할 때면 오히려 시키는 걸 더 하기 싫어진다. 이런 사람들이 관리자로 있는 곳은 일하기 정말 힘들다. 육체적 노동보다 정신적 고통이 더 크기 때문이다. 도대체 이런 사람이 누굴 가르친다는 건지 이해할 수 없었다. 관리자라면 밑의 사람에게 알려주고 독려하는 사람이어야 하는데 마치 작은 왕국의 왕처럼 행세하고 있으니 말이다. 가끔 알바 공고를 찾아볼 때도 자주 공고가 올라온다든지 평이 좋지 못한 곳은 피하길 바란다. 이런 사람들이 수두룩하기 때문이다.

이처럼 아르바이트를 통해 돈 벌기가 얼마나 힘든지 알 수 있었다. 왜 어른들이 "돈 벌기가 쉬운 줄 알아?", "돈 아껴 써."라고 말씀하셨는지 이해가 되었다. 돈을 벌수록 부모님의 고생이 더욱 생생히 느껴졌다. 다양한 아르바이트를 해보면 알겠지만 모든 아르바이트의 시작은 청소부터다. 식당, 카페, 패스트푸드점, 호텔, 주유소, 편의점, 학원 등 그 어떤 알바를 해도 가장 먼저 하는 건 쓸고 닦는 것이었다. 청소할 때면 유독 엄마 생각이 많이 났다. 얼마나 힘들게 돈 벌고 있는지 깨닫고 있었다. 바닥을 쓸 때도, 바닥을 닦을 때도, 심지어 화장실에 있는 휴지통을 비울 때도 생각이 많이 났다. 그래서 나는 아르바이트를 할 때마다 '빨리 성공해서 쉬도록 해드려야겠다.'라는 생각을 자주 했다.

고생하는 엄마와 누나를 위해 월급이 나올 때면 매번 과일이나 치킨을 사 들고 갔다. 맛있게 먹는 가족들의 모습을 보며 보람도 있고 뿌듯했다. 그때 나는 왜 돈을 벌어야 하는지 느꼈다.

'돈 버는 게 별거 아니구나….'
'사랑하는 사람들의 행복한 모습을 보기 위한 것이었구나.'

알바신의 365 알바신공

사랑하는 사람들에게 줄 수 있다는 행복을 비로소 깨닫는 순간이었다. 아르바이트를 통해 가족의 사랑도 깊이 느낄 수 있었다.

이렇듯 나는 아르바이트를 통해 빠르게 철들 수 있었다. 아르바이트는 나에게 인생을 알려주는 선생님이다. 아르바이트를 통해 정말 많은 것을 배울 수 있다. 직접 경험하지 않으면 모르는 세상을 알려주며 일상의 소중함을 느끼도록 해준다. 이러한 이유로 20대의 청년들에게 꼭 아르바이트를 권하고 싶다. 우리 스스로 온실 속의 화초가 되기를 자처해선 안 된다. 일할 때의 그 순간만큼은 힘들고 어려울 것이다. 하지만 그 순간이 지나면 빠르게 성장해 있는 자신의 모습을 다시 보게 될 것이다. 20대를 살고 있다는 것은 특권이다. 20대만이 깨지고 굴러도 용서받을 수 있는 나이다. 그만큼 20대라는 특권을 누리며 많은 경험을 통해 단단하게 준비하고 있어야 한다. 그래야만 더 당당한 30대를 맞이할 수 있다.

알바신의 알바 꿀팁

뭐든지 직접 경험해봐야 알 수 있다. 아르바이트로 스스로 돈도 벌고 사

회를 경험해봐야 세상을 살아갈 지혜가 생긴다. 아르바이트를 통해 부

모님에 대한 감사한 마음도 느낄 수 있다. 이렇듯 아르바이트는 참교육

을 해주시는 인생의 선생님이다.

7

나 자신의 인생을 위한 디딤돌이 되었다

끊임없이 갈망하고 항상 우직하게 나아가라.
- 스티브 잡스

가족이라는 힘으로

나는 스무 살 때 첫 아르바이트를 시작으로 서른이 된 지금까지 단 한 번도 아르바이트를 쉬어본 적이 없다. 본능적으로 느꼈다. 마치 잘 돌아가고 있는 기계에 부품이 하나 빠지면 기계가 멈추듯 아르바이트를 쉬면 안 될 것만 같았다. 그건 나뿐만이 아니었다. 엄마와 누나 역시 각자의 위치에서 쉬지 않고 달려왔다. 그렇게 우리 가족 셋은 서로 지탱해주고 있었다. 누구 한 명이라도 쉴 수 없을 만큼 상황이 어려웠다. 각자의 자리를 지켜주는 것만이 서로를 위한 것이었다. 한번은 엄마가 일하는 게 너무 힘들다며 하소연을 한 적이 있었다.

"몸이 너무 무겁고 만사가 다 귀찮아…."

그때는 내가 직장을 갖기 전이었다. 나 역시 아르바이트로 돈을 벌며 취업 준비에 몰입하는 상황이었다. 몸과 마음 모두 힘든 시기였다. 평소 하소연 한 번 하지 않았던 엄마가 그렇게 말했다는 것은 정말 힘들다는 신호였다. 하지만 엄마에게 이렇게 말할 수 없었다.

"엄마, 쉬어! 힘든 데 무슨 일이야. 그냥 내일부터 일 나가지 마!"

엄마가 일을 그만두면 상황이 더 어려워질 것만 같아 두려웠다. 나는 꿀 먹은 벙어리처럼 그저 엄마의 하소연만 듣고 있었다. 마치 나의 모습은 엄마에게 일은 계속하라는 신호 같기도 했던 것 같다. 그런 나의 모습에 그날 이후 엄마를 보기 많이 미안했다.

지극히 평범하거나 가난한 사람이라면 이러한 경험을 한 번쯤은 가지고 있을 것이다. 아무 문제없이 잘 지내고 있는 일상에 누구 한 명 다치거나 아프기라도 하면 나머지 한 사람이 너무 힘들어지는 상황을 말이다. 그래서 나는 하루라도 더 늦기 전에, 가족이 더는 일할 수 없을 때가 오기 전에 하루 빨리 성공하고 싶었다. 그런 상황이 닥쳐오는 게 얼마나 비극인지 상상만 해도 알 수 있었으니까. 엄마는 올해 예순여덟 살이다. 적지만은 않은 나이다. 하지만 지금까지도 스스로 돈 번다는 것에 자부심이 넘치신다. 내후년인 일흔 살의 나이까지는 끄떡없다고 말씀하신다. 이제는 그만 좀 쉬라고, 키워주시느라 고생 많으셨다고 말씀드리려 한다.

자립심을 키워나가다

여러분은 현재 휴대전화 요금을 본인 스스로 내고 있는지 궁금하다. 갑자기 왜 휴대전화 요금이냐고? 나에게 있어서 어쩌면 휴대전화 요금이 10년 동안 아르바이트를 하게 해준 원동력이기도 했기 때문이다. 나는 스무 살 이후로 휴대전화 요금만큼은 10년이 지난 지금까지도 스스로 내고 있다. 당연하게 들릴 수도 있겠지만, 나는 휴대전화 요금 때문이라도 계속 일할 수밖에 없었다.

성인이 되면서 더 이상 학생 요금제를 쓸 수 없게 되었다. 성인 요금제는 대학생이 쓰기에 가장 적당한 것도 학생 요금제의 2배 이상의 가격이다. 이렇듯 누군가에겐 스스로 휴대전화 요금을 내는 게 부담일 수도 있다. 그래서 부모님이 대신 내주는 친구들을 많이 봤다. 나는 첫 월급을 받고 무심코 엄마에게 "앞으로 휴대전화 요금은 내가 낼게."라고 말했다. 그때 당시 약 4~5만 원 정도 냈던 것 같다. 첫 월급에 비해 꽤 부담되는 금액이기도 했다. 그렇게 한 번을 내고 나니 어느새 휴대전화 요금은 나에게 고정비용이 되었다. 그렇게 휴대전화 요금을 벌기 위해서라도 꾸준히 아르바이트를 하게 되었다.

나는 성인이 되면 반드시 부모님으로부터 독립해야 한다고 생각한다. 독립이라는 게 꼭 나가 살라는 것은 아니다. 경제적 독립을 하라는 것이다. 부모님과 같이 살아도 스스로 살아갈 수 있는 자립심을 길러 나가야 한다는 것이다. 한번은 누군가 나에게 말했다.

"우리 부모님은 아르바이트 절대 못 하게 해."
"그냥 공부나 하라는데?"

부모로부터 용돈 받고 사는 걸 자랑스럽게 생각하는 그에게 속으로 이렇게 말했다.

'왜 하나만 알고 둘은 몰라?'
'세상에 공짜는 없어.'

용돈을 받는다는 건 성인이 되어서도 부모님에 종속되어 있다는 것이다. 세상엔 절대 공짜가 없다. 그건 부모님도 다르지 않다. 부모님은 용돈을 주는 만큼 더 여러분을 통제하려 할 것이다. 용돈까지 주면서 "이 돈으로 술을 먹든 놀든 마음대로 살아라."라고 하는 부모님이 과연 몇이나 있을까. 부모님으로부터 독립하지 않는다면 그만큼 세상을 경험할 기회가 줄어든다. 나 자신을 알아가는 시간이 부족하다는 뜻이다. 이런 이유 등으로 스스로 아르바이트를 하며 부모님으로부터 반드시 독립해야 한다.

꿈을 위한 수단이 되어준 아르바이트

마지막으로 내가 10년 동안 아르바이트를 할 수 있게 한 원동력은 바로 꿈이었다. 꿈이라고 해서 거창한 것을 말하는 게 아니다. '하고 싶은 것, 이루고 싶은 것, 되고 싶은 것'이라고 쉽게 생각했으면 좋겠다. 본인이 간절히 원하는 꿈을 찾기 전에는 앞서 말한 세 가지를 항상 생각하면서 아르바이트를 하길 바란다. 나 역시 남들이 말하는 거창한 그런 꿈은 없었다. 그런 꿈은 없었지만, 항상 '무엇을 하고 싶다.'라는 마음은 간절했다. '편입하고 싶다, 대기업에 가고 싶다, 성공하고 싶다' 등의 원하는 것을 끊임없이 속으로 되뇌었다. 덕분에 나는 위의 세 가지 중 두 가지는 이룰 수 있었다. 그리고 나머지 한 가지는 진행 중이다. 내가 이룬 두 가지 역시 어찌 보면 아르바이트 덕분이었다. 나에게 아르바이트가 없었으면 두 가지를 이룰 수 있는 원동력이 없어진 셈이었으니까 말이다. 나는 무언가를 준비할 때는 반드시 아르바이트를 하라고 조언하고 싶다. 재수 준비도 될 수 있고 편입 시험, 취업 준비 등의 모든 준비가 될 수 있다. 나의 경험상 잠자는 시간을 제외하고 나머지 시간을 오로지 공부에 투자하기란 쉽지 않다. 나는 장기적인 시험을 준비할 때면 항상 아르바이트의 힘을 빌렸다. 신기하게도 시험을 준비하는 동안 아르바이트를 병행하면 알바하는 중에 오로지 시험 생각밖에 안 난다. 아르바이트가 끝나면 바로 공부해야겠다는 생각밖에 없는 것이다. 그만큼 공부할 시간이 부족하기 때문이다. 적은 시간 동안 최대한의 효율을 발휘할 수 있도록 집중해야 하는 것을 본능적으로 아는 것이다. 아르바이트를 6시간씩 하라는 게 아니다. 단 3시간이라도 하라는 것이다. 이것도 많다면 하루에 2시간씩이라도 매일 아르바이트를 해보길 권한다. 한 달이면 꽤 많은 수입으로 꿈을 지원할 수 있기 때문이다.

10년 동안 쉬어본 적 없는 아르바이트는 나에게 많은 것을 주었다. 돈을 벌어 가족들과 행복한 시간을 보낼 수 있었고, 원하는 미래를 준비할 수 있었고, 소중한 추억들을 만들 수 있었다. 이렇듯 나는 아르바이트에 항상 감사한 마음을 가지고 있다. 나에게 아르바이트는 단순히 정의할 수 있는 그 이상의 의미다. 내가 그랬던 것처럼 아르바이트가 특별한 의미로 여겨지길 바란다. 무슨 일을 하든지 본인의 마음먹기에 달려 있다.

아르바이트를 단순히 돈만 벌고, 하기 싫고, 지겹고, 한탄하는 그런 의미로 여겨서는 안 된다. 앞으로는 내가 말한 것처럼 접근해보길 바란다. 이전과는 다르게 훨씬 의미 있는 시간을 보낼 수 있을 것이라 확신한다.

알바신의 알바 꿀팁

스무 살이 되는 순간 부모님으로부터 경제적 독립을 하라. 아르바이트를 통해 스스로 본인의 인생을 살아야 한다. 부모님의 용돈을 받는 순간 부모님이 바라는 인생을 살게 될 것이다. 나 자신의 인생을 살기 위해서라도 아르바이트는 꼭 필요하다.

알바신공 1 - 나는 어떻게 알바신이 되었나!

365알바신공

알바신공 - **2**

화려한 스펙을 이기는
알바 스펙 만들기

1

자격증보다 나은
아르바이트 스펙

지식을 얻으려면 공부를 해야 하고, 지혜를 얻으려면 관찰을 해야 한다.
-마릴린 보스 사번트

질보다 양인 자격증의 현실

대한민국은 지금도 자격증 열풍이 뜨겁게 불고 있다. 연일 TV에서는 특정 연예인이 어떤 자격증을 가졌는지 다룰 정도다. 나도 TV에서 이런 내용을 몇 번 봤다. 심지어 특정 여자 연예인은 굴삭기 면허증까지 보유하고 있다는 것을 보도할 정도였다. 그만큼 자격증 열풍이 뜨거웠다. 먼저, 나는 자격증을 따는 것에 대해 나쁘게 생각하지 않는다. 본인의 분야에서 꼭 필요한 자격증이라면 얼마든지 따는 게 좋다고 생각한다. 취업

할 때 역시 본인이 하고자 하는 일에 필요한 자격증이라면 따는 게 좋다. 그러한 자격증이라면 기업은 두말없이 당신을 뽑으려 할 것이다. 그밖에 취미로 즐기고 있는 일에 자격증까지 있다면 더할 나위 없이 좋을 것이다. 나는 가끔 혼자 요리해 먹는 걸 좋아한다. 한식이나 양식, 중식 요리 자격증이 있다면 더 즐거운 취미가 될 것이다. 이렇듯 자격증은 우리가 관심 있거나 특정 분야에서 더 발전하기 위해 취득하는 것이다. 본질이 그렇다고 생각한다.

하지만 여기서 문제는 많은 사람이 본인이 하고자 하는 일에 불필요한 자격증을 따기 위해 시간을 낭비하고 있다는 점이다. 우리는 자격증의 질보다는 개수에만 관심이 많은 것 같다. 취업을 위해, 이력서의 줄 하나를 위해 자격증을 따기 때문이다. 과연 기업에서 자격증만 많다고 좋아할까? 나 역시 4개 정도의 자격증을 가지고 있지만, 실제 현업에 하나 도움 되지 않는다.

내가 취업할 당시에 한국사 자격증 열풍이 불고 있었다. 너나 할 것 없이 한국사 자격증에 목숨을 걸었다. 연일 한국사 관련 카페에서는 '한국사 며칠 만에 따요?', '얼마나 공부하면 1급 딸 수 있어요?' 등의 글이 많이 올라왔다. 여기에서 우리의 현실이 적나라하게 보였다. 생각해 볼 필요가 있었다. 한국사 자격증은 도대체 왜 따야 하며 누가 따야 하는 걸까? 적어도 역사에 관심이 있고 역사와 관련된 일에 종사하실 분들이 따는 게 맞지 않을까? 인터넷을 하고 있으면 실시간 검색어로 '한국사능력검정시험'이라는 키워드가 올라올 때가 있다. 그만큼 많은 사람이 한국사 자격증에 도전하고 있다는 증거다. 주변에서는 역사 싫다고 난리인데 말이다. 공무원은 나랏일을 하는 사람이기 때문에 당연히 공부해야 한다고 생각한다. 하지만 공기업과 특정 기업에서 한국사 능력이 굳이 필요할까에 대해 의문이다. 한국전력공사, 한국철도공사, 한국공항공사, 국민체육진흥공단 말고도 수많은 기업의 채용 과정에서 한국사 자격증에 대한 가산점을 부여하고 있다.

말 그대로 따라고 하니까 자격증을 따는 것이다. 이러한 상황들이 이해는 된다. 어떻게 해서든 1점이라도 더 받고 싶은 취업준비생 처지에서는 울며 겨자 먹기로 공부하는 것이다. 그러다 보니 '1주일에 1급 따는 법', '2주일에 1급 따는 법' 같은 말도 안 되는 글들이 꾸준히 올라오는 것이다. 단, 일주일 만에 우리나라의 고대사, 전 근대사 및 근, 현대사를 얼마나 알 수 있을까. 나 역시 '한국사능력검정시험 1급' 자격증을 보유하고 있다. 단언컨대 그 양이 정말 어마 무시할 정도로 많다. 이렇게 많은 양을 트릭을 써서 공부해야 하니 한두 번 떨어지는 것은 일도 아니다. 막상 자격증을 따도 그 본질은 사라지고 만다. 이런 자격증 취득에 문제가 없는지 한 번쯤은 의문을 던질 필요가 있다.

나는 어렸을 때부터 한국사를 굉장히 좋아했다. 다른 건 못해도 세계사나 한국사만큼은 시험을 봐도 높은 점수를 받았다. 중학교 때 한국사를 담당했던 선생님 역할도 한몫했다. 한국사 수업이 기다려질 정도였으니까 말이다. 특히 고대사나 전 근대사를 배울 때면 눈이 초롱초롱 빛났다. 아직도 안시성 전투의 모래성 이야기는 나를 두근거리게 한다. 이렇듯 나는 취미로 한국사를 공부했다. 심지어 나는 우리나라 역사 전체를 자필로 정리한 두꺼운 노트 2권을 갖고 있을 정도다. 2, 3회독은 했기 때문에 공책이 너덜너덜할 정도다. 얼마 전에는 역사를 좋아하는 팀장님과 서로 역사 퀴즈를 내주기도 했다.

내가 얼마나 역사를 좋아하는지 글만 봐도 느껴질 것이다. 반대로, 역사 얘기만 들어도 짜증내는 사람들이 있다. 이런 사람들이 굳이 자격증을 따기 위해 시간 낭비를 해야 하나 싶다. 차라리 본인과 관련된 기사 자격증을 하나 더 따는 게 훨씬 바람직하지 않을까? 대부분 공기업에서 최대 가산점으로 기사 자격증을 요구하고 있다. 그런데도 시간이 오래 걸리고 어렵다는 이유로 쉬운 길만을 택하고 있다. 그나마 한국사 자격증이 따기 쉽다는 이유로 최소 가산점을 받으려 하는 것이다. 누구나 다 가지고 스펙은 더 이상 스펙이 아닌 것처럼, 누구나 다 가지고 있는 자격증은 더 이상 자격증 역할을 못 한다는 것을 알려주고 싶었다. 부디 귀한 시간을 더 이상 낭비하지 않기를 바란다.

당신의 알바 경험이 곧 스펙이다

나는 아르바이트 1개가 자격증 3개와 같다고 생각한다. 이 말은 세 번 도서관에 앉아서 공부하는 것보다 한 번 밖에 나가서 경험하는 게 낫다는 의미다. 아르바이트가 어떨 때는 굉장히 하찮아 보이고 힘들기도 할 것이다. 이게 무슨 경험이나 될까 하는 생각이 들기도 할 것이다. 이는 현재만 바라보며 일하기 때문이다. 지금 당장 귀찮고 짜증나는데 어떤 일이 즐거울 수 있을까. 아르바이트도 마찬가지다. 일하는 게 귀찮고 짜증나는데 즐거울 리가 없다. 아르바이트는 멀리 보면서 할 필요가 있다. 여러분들이 그토록 하고 싶은 취업을 생각하며 할 필요가 있다는 것이다. 아르바이트를 하면서도 의식적으로 이야기를 만들려 노력해보는 것이다.

예를 들면, 고객이 뜨거운 돌솥에 뎄다는 상황을 가정해보자. 실제 나의 경험이었다. 손님에게 걱정스러운 표정으로 "손님, 괜찮으세요?"라고 묻고 일차적으로 찬물을 앞에 놓아드리는 것이다. "손님, 잠시만 기다려주세요."라고 말한 뒤 빠르게 화상약이나 밴드를 구해서 드리는 것이다. 보통 이런 구급약들은 매장에 다 구비되어 있기 때문이다. 손님은 이런 모습에 감동하고 고마워할 것이다. 그리고 그날 저녁 나에 대한 칭찬 글이 해당 홈페이지에 올라온다. 이로써 취업 준비에 쓸 엄청난 재료를 획득한 것이다!

이러한 상황에서 취업을 위해 어떤 이야기를 끄집어낼 수 있을까? 첫 번째는 당신의 '위기 대처 능력'을 판단할 수 있다. 두 번째로는 '고객 지향 및 고객 감동'을 쓸 수도 있고 마지막으로 '책임감' 등의 역량을 끄집어낼 수도 있을 것이다. 나 역시 아르바이트할 당시에는 이러한 사실을 몰랐다. 취업 준비를 시작하고 어떻게 해서든 이야기를 끄집어내야 하는 상황이 닥치니 하나씩 떠올랐다. 그렇다면, 나와 반대로 여러분은 아르바이트 시작 전에 이러한 스토리를 한번 만들어보겠다고 접근해보는 건 어떨까? 그렇게만 한다면 더 적극적인 태도로 변화할 수 있을 것이다. 이처럼 아르바이트로 수많은 스토리와 스펙을 만들어보자.

다양한 문항의 자기소개서 중 '위기 대처 능력'이나 '책임감', '성격의 장단점' 문항은 필수다. 영업직이라면 '고객 지향 능력'은 꼭 나오는 문항이다. 이렇듯 자기소개서에서 요구하는 모든 문항을 아르바이트에서 만들 수 있다는 것이다. 자격증을 따고 있는데 '나는 끝까지 책임감 있게 자격증을 땄다.'라고 말할 수는 없지 않은가. 또한, '나는 자격증을 도전하는 중 위기가 왔지만 이를 극복하고 취득하였다.'라고 말할 수 있을까? 너무 극단적이기는 하지만 자격증에서 할 수 없는 일이 아르바이트에서는 가능하다는 말을 강조하고 싶다.

실제로 현업에서도 자격증보다 아르바이트 경험들이 훨씬 유용하게 활용되고 있다. 실제로 회사 안에선 알바했을 때와 유사한 일들이 많이 벌어지기 때문이다. 이렇듯 한 가지의 아르바이트는 자격증 3개가 아닌 그 이상보다 더 가치 있다.

이제는 자격증보다는 아르바이트에 시간을 더 할애해야 한다. 더 이상은 무의미한 시간을 투자해서는 안 된다. 한국사, 컴퓨터 활용 자격증 등 자신에게 불필요한 자격증에서 탈출하자. 남들이 다 가지고 있는 자격증은 더 이상 자격증이 아니라는 것을 명심하자. 자격증을 취득할 시간에 취업 준비에 필요한 이야기를 더 많이 만들어야 한다. 자신 있게 말할 수 있다. 기업은 당신의 삶의 이야기를 궁금해하지, 당신의 자격증 개수가 몇 개인지 궁금해하지 않는다. 당신이 어떤 사람이며 어떻게 살아왔는지를 궁금해할 뿐이다. 멀리서 찾을 필요가 없다. 당신과 가장 가까운 곳에 아르바이트 스펙들이 널려 있다. 이제는 '아르바이트로 스펙 쌓기'만 실천하면 된다. 이렇듯 20대의 치열함은 머리가 아니라 몸에서 나와야 한다.

알바신의 알바 꿀팁

시대가 변했다! 이제는 자신만의 고유한 스토리가 스펙이 되는 시대다.

도서관에서 자격증 딸 시간에 아르바이트를 하든 인턴을 하든 직무 관

련 경험을 쌓아라!

2

'이달의 우수 직원'은
누구나 될 수 있다

오너처럼 행동해야 실력도 쌓이고 궁극적으로 CEO도 되고 오너도 될 수 있다.
- 워런 버핏

이달의 우수 직원이 되다

여러분은 '이달의 우수 직원'이 받는 혜택을 알고 있는가? 아마도 '이런
게 있었어?'라고 알게 된다면 한 번쯤은 욕심나게 될 것이다. 대부분의
규모가 큰 곳에서는 '이달의 해피사원', '이달의 홈서버', '이달의 크루' 등
이달의 우수 직원을 뽑는 제도를 매달 진행하고 있다. 내가 근무했던 피
자헛이나 계절밥상, 맥도날드 등에서도 이러한 이벤트가 매달 진행 중이
다. 말 그대로, 한 달 동안 점장이나 매니저, 고객들로부터 평이 좋은 사

원들을 대상으로 상을 주는 것으로 생각하면 쉽다. 마치 영업사원들에게 성과를 독려하도록 하는 MVP 같은 제도인 것이다. 이달의 우수 직원에 뽑히게 되면 적지 않은 포상이 나온다. 매장마다 다르겠지만 내가 받은 것 중 가장 큰 포상은 10만 원 권의 롯데 상품권이었다. 나는 피자헛에서 연속 두 달을 우수 직원으로 뽑혀 총 20만 원의 상품권을 탔다. 덕분에 나는 여자친구 생일선물로 15만 원 정도 되는 마크제이콥스 시계를 사주기도 했다. 열심히 일한 만큼 보상받는 기분이어서 더 좋았다.

이달의 우수 직원으로 뽑히는 방법은 크게 두 가지 정도가 있다.

첫째, 점장 또는 매니저에게 잘 보일 것
둘째, 고객들에게 친절하게 대할 것

평소 고객들에게 환하게 웃으며 친절하게 대하면 알아서 나에 대해 칭찬을 해줬다. 말 그대로 고객으로부터 점장이나 매니저의 귀에 내 얘기가 들어가게 하는 것이다. 이렇듯 관리자들은 항상 우리를 지켜보고 있기에 평소 행실을 잘해야 한다. 아르바이트의 매니저가 괜히 있는 게 아니다. 그들 역시 회사의 상사처럼 '누가 잘하나…' 지켜보고 있으며 가끔 회의를 통해 이런 의견을 공유하기도 한다. 이때 과반수의 이름이 거론된 알바생이 이달의 우수 직원으로 뽑히게 되는 것이다. 그럼 무조건 손님한테만 잘하면 될까? 그렇지 않다. 아무리 손님들에게 잘하고 칭찬이 여기저기에서 들려도 기본이 안 되어 있으면 안 된다. 특히 내가 아르바이트를 하면서 가장 중요하게 생각했던 것은 바로 '근태'다. 사장이든 매니저든 가장 싫어하는 알바생 1순위가 '지각하는 알바생'이다. 나 역시도 아르바이트를 막 시작할 때는 지각을 자주 했었다. 정말 지겹도록 혼났다. 보통 아르바이트를 하게 되면 근무 시작 10분 전에는 오는 게 예의이자 매너라 배웠다. 10분 동안 옷을 갈아입을 시간과 일할 준비를 마치는 것이다. 그러니 5분 전이나 정각에 와서 '저 지각 안 했는데요?'라고 하면 안 되는 것이다. 이러한 알바생이라면 이달의 우수 직원은 포기하도록 하자. 다음으로 가장 싫어하는 알바생은 '무단결근하는 알바생'일 것이다. 지금은 최저 시급이 많이 올라 매니저들이 더욱 스케줄을 타이트하게 짠다. 그만큼 최소 인력으로 최대 효과를 내는 게 그들의 역할이기 때문이다. 그런데 한 명이라도 무단결근해 빠져버리면 나머지는 누가 감당하겠는가. 오로지 남아 있는 알바생이 다 감당해야 할 것이다. 이렇듯 이 두 가지만 하지 않아도 귀여움받는 훌륭한 알바생이 될 수 있다.

나는 아르바이트를 하면서도 항상 '책임감'을 가장 중요시했다. 5분을 늦더라도 '죄송합니다, 5분 정도 늦을 것 같아요.'라고 문자를 남기거나 늦기 전엔 꼭 전화를 했다. 당연히 무단결근은 있을 수도 없었다. 그래서 점장들이나 매니저들에게 기본적인 점수는 따고 들어갈 수 있었다. 이렇듯 기본적인 것만 해도 '이달의 우수 직원'이 되는 데까지 50점은 받은 셈이다.

아르바이트는 작은 회사

아르바이트는 본격적인 사회 진출을 하기 전 작은 회사라 생각하면 쉽다. 아르바이트를 단순하게 돈만 버는 곳으로 생각하면 안 된다. 그렇게 되면 굴러오는 기회도 차버리는 꼴이 된다. 회사에 다닐 때도 마찬가지지만 아르바이트를 할 때 역시 가장 중요한 태도는 '주인의식'을 갖는 것이다. 주인의식이란, 말 그대로 남의 일도 내 일처럼 적극적으로 하는 것이다. 하지만 이러한 주인의식을 갖고 일하기가 쉽지만은 않다. 대부분 알바생이 주인의식 없이 아르바이트를 한다. 나는 식당을 갈 때마다 생긴 습관이 하나 있다. 바로 아르바이트생들의 표정을 보는 것이다. 누구는 굉장히 즐겁고 환하게 웃으며 일하지만, 누구는 얼굴에 먹구름이 가득하다. 항상 인상이 찌푸려져 있다. 심지어 손님이 부르면 짜증내는 아르바이트생도 있다. 이런 아르바이트생들 대부분이 주인의식 하나 없이 일하고 있는 것이다. 그저 '나는 돈만 벌고 끝이야.'라는 마인드다.

이런 마인드에서 주인의식이 나올 리가 없었다. 부끄럽지만 나 역시 한때 그랬던 적이 있었다. 하지만 차츰 태도를 바꿔보니 많은 기회가 왔고 많은 혜택을 누릴 수 있었다. 지금이라도 이러한 태도를 바꾸려는 노력을 조금씩 해봤으면 좋겠다. 그러면 당신도 반드시 '이달의 우수 직원'이 될 수 있다. 사람 일은 그 누구도 어떻게 될지 모르는 것이다. 여러분들이 진짜 원하는 기업의 관계자가 당신을 눈여겨보다 채용할지도 모르는 것이다. 그런 행운들을 기다리며 매사에 최선을 다하길 바란다.

지금까지는 기본적으로 해야 할 것들에 관해 설명했다. 여기에 자신만의 무기, 한두 개 정도만 있으면 100% '이달의 우수 직원' 확정이다. 나 같은 경우 기본적인 것 이외에 몇 가지 전략을 더 사용했다. 내가 가장 잘하는 것 중 하나는 '자기 어필하기'다. 아무리 혼자 열심히만 한다고 다 알아주는 것은 아니다. 자기 어필 좀 해도 괜찮다. 앞으로는 관리자들에게 티를 좀 낼 필요도 있다. 그러기 위해서는 회식이나 간단한 모임에도 빠지지 않는 게 중요하다. 가끔 이렇게 말하는 알바생이 있다.

"나는 사람들과 별로 친해지고 싶지도 않고 어울리지도 않을 거야."

세상에 공짜는 없다. 선택권은 관리자들에게 있는데 그들과 벽을 치고 만남을 거부한다면 주어진 혜택들을 누리기가 쉽지 않다. 아르바이트가 작은 회사인 만큼 어느 정도의 인맥 관리는 필요하다. '아르바이트에서까지 그렇게 해야 해?'라고 하는 분은 굳이 이렇게까지 할 필요는 없다. 기본적인 것만 잘 지켜도 중간은 넘기 때문이다.

나는 고객에게도 자기 어필을 했다. 매달 '이달의 우수 직원'을 뽑는 매장도 있지만, 그렇지 않은 매장도 있다. 가끔은 본사에서 '이달은 설문 조사 기간이니 귀감이 되는 직원에게 포상하겠습니다.'라는 공지가 내려올 때가 있다. 나는 이러한 기회를 절대 놓치지 않았다. 보통 설문 조사를 통해 우수 직원을 뽑을 때는 고객이 해당 직원의 이름을 마지막 공란에 기재해야 했다. 아무리 내가 친절하게 했어도 내 이름을 모른다면 의미가 없었다. 그래서 나는 항상 명찰을 착용했다. 가끔 고객 중 느낌이 좋은 고객들이 있다. 이들을 놓치면 안 된다. 나는 그들에게 친절하게 잘했다고 느끼면 반드시 명찰을 가리키면서 자기 어필을 했다.

"안녕하세요, 고객님. 김대의, 꼭 한 번 칭찬 부탁드릴게요!"

이런 나의 노력이 여러 번이나 '이달의 우수 직원'으로 만들어주었다. 누군가에게 티를 내고 어필하는 게 나쁜 건 아니다. 너무 과하게만 하지 않는다면 당신은 기억에 남는 직원이 될 수 있다.

나는 '이달의 우수 직원은 태어나는 것이 아니라 만들어지는 것이다.'라고 말하고 싶다. 누구나 욕심을 갖고 도전하면 쉽게 성취할 수 있을 것이다. 특별함은 항상 남들과 다른 것에서부터 나온다. 평범해지려고 해서는 안 된다. 어느 순간에서도 '내가 무엇을 할 수 있을까.'라고 끊임없이 고민하고 상상해야 한다. 지금 내가 하는 것들이 미래에서 어떤 소중한 재료가 될지 모른다. 이러한 마음가짐으로 아르바이트에 임해야 한다. 그리고 여러분 역시 그렇게 할 수 있을 것이라 확신한다. 몇 년 후, 취업 준비를 할 때 "어떡해요, 자기소개서에 쓸 말이 없어요….'라고 징징대는 여러분이 되지 않길 바란다. 여러분도 '이달의 우수 직원'이 될 수 있다. 그렇게 되기 위해 안 보이는 곳에서 더 열심히 하는 여러분이 되기를 바란다.

알바신의 알바 꿀팁

이달의 우수 직원의 필수 조건은 환한 미소와 친절한 태도다. 이 두 가지면 누구나 이달의 우수 직원이 될 수 있다. 실제 기업에서도 이달의 우수 직원을 여러 번 수상한 알바생을 눈여겨보기 때문에 반드시 도전해볼 만하다.

3

나는 막노동하면서도
스카우트 당했다

매일 밤 잠자리에 들 때면 나는 죽는다.
그리고 다음 날 아침 잠에서 깨어나면, 나는 다시 태어난다.
- 마하트마 간디

최선을 다할 때 기회는 온다

'최선'이라는 단어를 사전에서 찾아보면 '온 정성과 힘'이라 정의되어 있다. 말 그대로 '최선을 다하다.'라는 뜻은 '온 정성과 힘을 다하다.'라는 뜻과 같은 것이다.

여러분이 생각하는 최선이란 어떤 이미지로 떠오르는가? 어느 날 인터넷 검색을 하던 중 이런 문구를 보게 되었다.

'잠자리에 들 때마다 온몸이 땅으로 꺼지고 정신이 자유로워짐을 느끼는 하루'

'유체이탈을 경험할 정도로 느껴지는 빡센 하루'

내가 평소 생각했던 '최선을 다해 보낸 모습'의 이미지였다. 너무 정확히 표현한 것 같아 메모해두었다. 태어나서 한 번쯤은 느껴본 경험이 있을 것이다. 최선을 다하는 모습은 바로 이를 두고 쓰는 표현이라 생각한다. 하루 동안 최선을 다해 살았다면 적어도 이런 느낌은 들어야 하지 않을까? 정말 너무 힘들어 잠도 못 이긴 채 씻지도 못하고 그대로 쓰러지는 하루를 말이다. 그렇다면 분명 당신은 그날 최선을 다한 것이라 할 수 있다. 하지만 우리가 매일매일을 이렇게 살 수는 없다. 이렇게 살 수 있도록 하루하루를 만들어가려는 노력이 필요하다는 말을 하고 싶은 것이다. 우리는 이렇게 자기 전 눈꺼풀이 주저앉을 때까지 최선을 다했을 때, 그리고 이런 날들로 하루하루를 채워나갔을 때 비로소 변화가 일어나고 기회가 오는 것이다. 오늘도 나는 기회를 찾아 새벽 4시에 기상하여 책을 보고 원고를 쓰며 하루하루를 채워가기 위해 노력하고 있다.

기회는 자신에게 주어진 일에 최선을 다할 때 찾아온다. 요령만 피우고 있다간 있던 기회들마저 달아난다. 나는 평소 아르바이트를 할 때면 항상 최선을 다했다. 심지어 막노동할 때마저도 최선을 다했다. 가끔 이런 모습을 보고 함께 일했던 인부 아저씨들은 말하곤 했다.

"학생, 이 일은 시간 때우는 거야."

"굳이 열심히 할 필요가 없어."

말 그대로였다. 모두 하루하루를 버티며 돈만 받기를 기다리고 있었다. 나는 평소 모든 일에 최선을 다해야 한다고 생각했다. 괜히 설렁설렁하다가 반장에게 들켜 욕먹기도 싫었다. 나는 항상 적극적이었고 파이팅넘쳤다. 하지만 가끔은 이런 모습을 싫어하는 사람들도 있었다. "너 때문에 나까지 열심히 해야 하지 않겠냐."라면서 말이다.

일전에 편입 시험을 준비했던 적이 있었다. 나는 편입 시험을 준비하면서 밥값을 벌기 위해 매주 토요일마다 막노동을 했다. 편입학원 비용은 집에서 지원해줬기 때문에 밥값은 어떻게 해서든 내가 벌어야 했다. 그렇게 일주일에 한 번씩 막노동을 하면 71,000원을 벌었다. 이 돈을 가지고 그 다음주의 점심, 저녁을 해결해야 했다. 그때 당시 하루는 새벽 6시에 기상 후 학원에서 강의를 듣고 자습을 한 뒤 밤 11시가 되면 집으로 돌아오는 일정이었다. 매일 같은 일상을 반복했다. 일주일에 한 번씩 하는 막노동이었지만 편입 공부와 병행하기가 쉽지만은 않았다. 그래도 참아야만 했다. 주말에 일하지 않으면 그다음 주에 밥 먹을 돈이 없기 때문이다. 주로 먹었던 메뉴는 6,000원짜리 콩나물국밥이었다. 가장 저렴했기 때문이다. 다른 메뉴들은 보통 7,000원부터 시작했기 때문에 자주 먹을 수 없었다. 그렇게 하루하루 돈을 쪼개가면서 밥을 먹기 위해 막노동을 했다.

막노동하면서 스카우트당하다

한번은 하남시에 있는 신축 건설 현장으로 갔다. 공사 현장에 흩어져 있는 자재를 치우고 청소하는 일이었다. 자재 치우는 일을 할 때는 특히 조심해야 한다. 가끔 나무에 못이 박혀 있는 경우가 있는데 종종 못에 찔리는 사고가 나곤 했었다. 나는 흩어져 있는 자재들을 큰 자루에 종류별로 담았다. 가끔 나도 모르게 다른 자재들을 섞어 담는 경우가 있었는데 이를 본 반장에게 꾸지람을 듣기도 했었다. 그렇게 일을 하고 보통 5시쯤 되면 슬슬 정리할 분위기가 되었다. 그날은 장맛비가 온다는 소식에 평소보다 더 일찍 퇴근 준비를 하고 있었다. 보통 비가 오면 며칠씩 현장에 출근할 수 없었다. 그래서 주변에 있는 나무판자나 비 맞으면 안 되는 자재들에 천막을 씌우고 퇴근해야 했다. 나무판자 같은 경우 키 높이의 세 배 정도로 쌓여 있었다. 누군가 나서서 나무판자에 천막을 씌워야 했다. 퇴근 시간이기도 했고 대부분 우물쭈물 선뜻 나서려고 하지 않았다. 나는 큰 소리로 "제가 하겠습니다. 천막 주세요."라고 말했다. 키보다 높은 나무판자를 깡충깡충 뛰어다니며 천막을 모두 쳐서 덮었다. 그리고 조심스럽게 내려왔다. 퇴근 준비를 마치고 집에 가려는 순간 현장 반장이 나를 불러 세웠다.

"자네 이름이 뭔가? 일도 열심히 하는 거 같은데 돈 많이 쳐줄 테니 여기로 계속 나오는 게 어떤가?"

나는 한 달씩 하기 위해 온 것이 아니었기 때문에 거절할 수밖에 없었다. 그래도 이런 스카우트 제의(?)를 받았다는 게 기분이 좋았다.

나는 그때 이후로 느꼈다. 그 어떤 일이라도 내 위치에서 최선을 다한다면 나도 모르게 기회가 찾아온다는 것을 말이다. 누군가는 '막노동까지 그럴 필요가 있어? 그건 어리석은 거야.'라고 말할 수도 있겠다. 하지만 그렇게 생각하면 안 된다. 큰 기회만 기다리고 있으면 내가 원하는 기회는 절대 오지 않는다. 여러 작은 기회가 모여서 큰 기회를 만들어내기 때문이다. 누구나 뭐든지 한 방을 노리려는 욕심이 있다. 그래서 작은 기회들은 기회로 보이지 않고 계속 떠나보내는 것이다. '항상 모든 일에 최선을 다해야 한다.'라는 말이 괜히 있는 게 아니다. 작은 일에도 최선을 다하는 태도는 분명 큰 기회를 가져다줄 것이다. 기회를 떠나보낸 뒤 '아, 그때 할 걸⋯.' 하고 후회하는 사람이 되어서는 안 된다. 대부분 기회를 쟁취하는 사람들은 평소에 준비하는 사람들이다. 기회는 언제 어떤 모습으로 나에게 다가올지 모르기 때문에 더욱 놓치기 쉽다.

"눈앞의 유혹은 반드시 미래의 나를 제물로 삼는다."라는 말이 있다. 이는 최선을 다해 보내지 않은 하루하루들이 모여 반드시 고통으로 돌아온다는 사실을 뜻하는 말이다. 지금, 이 순간은 당장 눈에 보이지 않아 느끼지 못할 것이다. 하지만 당신도 모르는 사이 흘려보낸 많은 시간이 하루하루 쌓여가고 있다. 이 시간은 훗날의 괴로움으로 여러분을 다시 찾을 것이다. 모든 순간 최선을 다해야 하는 이유다. 반드시 기억하길 바란다. 나태함, 그 순간은 달콤하나 결과는 비참하다.

"하늘은 스스로 돕는 자를 돕는다."

나는 막노동하면서 스카우트까지 당했다. 이렇듯 기회와 행운은 움직이는 자의 것이라는 걸 명심하길 바란다. 20대는 머리가 아닌 몸으로 뛰어야 한다. 일단 길을 나섰다면 최대한 적극적으로 나가야 한다. 일단 움직이고 몸으로 배우자. 일하다 보면 가끔 이런 말을 듣게 될 것이다. "대충대충 하라고. 그런다고 누가 알아주냐?" 나 역시 굉장히 많이 들었던 말이다. 무슨 일이든 그럭저럭 대충대충 해선 안 된다. 자신이 하는 일에 열정을 가지고 일할 때 세상은 우리에게 기회를 준다. 세상에 쉬운 일이 어디 있겠는가? 중요한 것은 지금 자신이 하는 일을 최선을 다해 즐길 줄 아는 마음이다. 매번 투덜투덜대며 "이런 일이나 해야 해?"라고 말하는 사람이 되지 말자.

알바신의 알바 꿀팁

매사에 긍정적이고 열정 넘치는 알바생은 눈에 띌 수밖에 없다. 어떤 아르바이트를 하더라도 최선을 다하라. 당신 주변으로 기회들이 모여들 것이다.

4

아르바이트의 모든 사건이
곧 스펙이다

인생의 위대한 목표는 지식이 아니라 행동이다.
- 올더스 헉슬리

나만의 스토리를 만들다

책을 쓰는 작가에게 모든 일상이 책 쓰기의 재료인 듯이, 20대들에겐
아르바이트의 모든 사건이 취업을 위한 재료가 된다. 다시 말해 '스펙'이
된다는 것이다. 아르바이트에서 일어나는 모든 사건은 회사에서도 일어
날 수 있는 사건들과도 밀접한 관련이 있기 때문이다. 이렇듯 아르바이
트에서 어떤 사건들을 경험하느냐가 매우 중요하다. 매니저들과 갈등은
곧 상사와의 갈등이 될 수도 있고 손님들과의 갈등은 곧 고객들과의 문

제를 일으킬 수도 있는 것이다. 즉 아르바이트를 하면서도 어떤 상황이 발생했을 때 이 상황에 어떻게 대처하느냐가 굉장히 중요하다. 이러한 경험이 곧 스펙이 되기 때문이다.

일례로 나는 피자헛에서 아르바이트를 할 때 고객으로부터 장문의 칭찬 글을 받은 경험이 있다. 실제로 이 이야기를 자기소개서에 풀어 썼을 때 지원한 대부분 기업의 서류 전형에 통과할 수 있었다. 나는 피자헛에서 홈서버로 근무했다. 쉽게 말해 배달 직원이다. 한번은 본사에서 매장별 순위를 매기고 우수 직원을 뽑겠다는 공고가 내려왔다. 10만 원 정도 하는 포상까지 걸려 있었다. 우수 직원에 뽑히면 10만 원을 공짜로 받는 것이기 때문에 욕심이 났다. '이달의 우수 직원'은 고객들에게 가장 많은 칭찬 글을 받는 직원이 뽑히는 것이었다. 평소에 하던 것처럼 고객들에게 피자만 드리고 나오면 절대 칭찬 글을 받을 수 없었다. 나는 차별화할 필요가 있다고 생각했다. 보통 설문 조사는 모바일로 진행됐다. 나는 두 가지 전략을 생각해냈다.

첫째, 영수증 하단 빈칸에 간략한 행복 메시지를 적기
둘째, 방문 후 나올 때 항상 '홈서버 김대의, 꼭 추천해주세요.'라고 말하기 실제로 이 전략을 활용한 후 굉장히 반응이 좋았다. 하루에 1~2개씩 칭찬 글이 쌓여 갔다. 한번은 점장님이 너무 놀랐다며 단체 카톡방에 이러한 메시지를 남겼다. 아래는 실제 점장님의 메시지를 옮긴 것이다.

"대의야, 어제 무슨 일이 있었던 거니ㅋㅋ 칭찬 3건이나 올라왔습니다."
"대의 짱~, 아래 건 이름이 없는데 대의가 아닐까 싶네요."

평소 1건의 칭찬 글이 올라오기도 힘든 상황이었는데 하루 만에 3건의 칭찬 글이 올라온 것이었다. 그날이 언제였는지 지금도 생생히 기억한다. 그날은 유난히 기분이 좋아 가만히 있어도 저절로 웃음이 나는 날이었다. 그런 날이 가끔 있지 않은가? 그런 얼굴로 신나게 고객들을 방문했다. 내가 즐겁게 일하니 확실히 고객들 반응도 굉장히 좋았다. 한번은 방문을 했는데 한 아이와 함께 어머니가 나왔다. 평소 아이들을 좋아하는 편이라 아이에게 말도 걸며 인사를 건넸다. 그런 나의 모습에 어머니께서 굉장히 흐뭇한 미소로 나를 쳐다봤다. 느낌이 좋았다. 역시나 다음날 그 어머니께서 내게 장문의 칭찬 글을 남겨 주셨다. 아래는 실제 고객의 메시지를 옮긴 것이다.

"홈서버 김대의 님. 여러 배달음식을 시켜봤지만 애기가 문을 열고 맞이했을 때 "안녕?" 하고 인사해준 직원은 처음이지 않았나 싶습니다. 주문내용을 친절히 확인해줬고 더 필요한 사항은 없는지 꼼꼼히 체크해주었습니다."

그 결과 가장 많은 칭찬 글을 받은 직원으로 '이달의 홈서버'가 될 수 있었고 적지 않은 포상을 받을 수 있었다. 이러한 경험을 통해 느낀 것이 하나 있다. '남들과 다른 특별한 경쟁력은 남들과 다른 특별한 시도에서 온다.'라는 것이다. 다른 직원들과 똑같이 피자만 주고 인사만 하고 나왔다면 절대 있을 수 없는 결과였다. 이후 직원들이 모두 참여한 회식 자리에서 시상하였고 많은 직원이 부러운 눈빛으로 나를 쳐다보았다. 지금도 잊을 수 없는 뿌듯한 순간이었다.

모든 사건이 곧 알바 스펙

나는 카페베네, 할리스, 커핀그루나루 등 다양한 커피전문점에서 일한 경험이 있다. 그중 카페베네에서는 약 1년간은 직원으로 근무했다. 단순 아르바이트직이 아니었기 때문에 할 것도, 배울 것도 더 많았다. 알바생도 교육해야 했고 발주도 해야 하고 전반적인 일에 신경 쓸 게 많았다.

한번은 오픈 출근을 하는데 일이 터졌다. 하루 장사에 필요한 제품이 없었다. 제대로 발주를 했는데 물건이 안 왔다고 생각했다. 하지만 곧 나의 실수를 깨닫고 어떻게 해야 할지 모르고 있었다. 발주할 때 주의해야 할 것들이 몇 가지가 있다. 제품마다 배송 날짜가 다른 제품들이 종종 있었다. 바로바로 오는 것이 있으면 며칠에 한 번씩 오는 것도 있었다. 또한, 발주는 매번 같은 수량을 시키는 것이 아닌 상황에 맞게 시켜야 했다. 남은 물건들을 확인하고 어느 정도 예측까지 할 수 있어야 했다. 나는 깜빡하고 이틀에 한 번 오는 물건을 바로 전날 시켰던 것이었다. 나의 실수니 상황을 어떻게든 수습해야 했다. 우선 점장님에게 연락하고 상황 설명을 했다. 예상했던 대로 크게 꾸지람을 듣고 혼이 났다. 다행히 근처에 있는 가까운 지점에 부탁해서 물량을 확보할 수 있었고 문제없이 넘어갈 수 있었다.

어떤 사업장이든 장사를 하기 위해서는 발주는 반드시 한다. 처음에는 발주하는 게 너무 싫었다. 매번 수량을 맞추기도 어려웠고, 잘못하면 욕까지 먹었기 때문이다. 이런 이유로 발주하는 게 부담이 되었다. 그런데 발주도 몇 번 해보니 어느 순간 감이 생겼다. 그리고 여러 번 실수를 해보니 깨닫게 되었다. 발주가 하루 장사를 하는데, 정말 중요하다는 사실을 말이다. 발주를 잘못하면 하루 장사를 망치게 된다. 따라서 판매 예측력, 요일 분석력 등의 트렌드를 어느 정도는 알고 있어야 한다. 그때 당시는 이러한 실수했던 경험들이 아무것도 아닌 일처럼 느껴졌다. 하지만 취업 준비를 하면서 이런 이야기들이 굉장히 중요한 경험이었다는 사실을 깨달을 수 있었다.

실제로 CJ 푸드빌, CJ 올리브영이나 CU편의점, GS편의점 등의 많은 기업에서 SM(Store Manager), SC(Store Consultant) 직무를 뽑고 있다. 이런 직무에 지원하기 위해 아르바이트 때 했던 상품 진열이나 판매 예측 및 목표설정, 발주 경험을 자기소개서에 활용할 수 있다. 이렇듯 아르바이트는 취업 준비를 위한 모든 준비에 직간접적인 영향을 미치고 있는 것이다. 더 이상 '5대 스펙', '8대 스펙'에만 목숨을 걸려고 하지 말아라. 이러한 소중한 경험들을 위해 아르바이트를 하라고 권하는 것이다.

여러분의 아르바이트에는 더 많은 이야기가 담겨 있을 것이라고 생각한다. 이제는 아르바이트가 돈만 버는 곳이 아닌 당신의 미래를 준비하는 곳이라 생각해보는 것이다. 아르바이트에서 당신만의 소중한 이야기를 끄집어내는 것이다. 아무것도 하지 않고 가만히만 있으면 얻는 게 없다. 세상은 움직일 줄 모르고 가만히 서 있기만 한 사람을 절대 원하지 않는다. 끊임없이 모든 사건에 부딪혀보고 적극적으로 깨져본 사람을 원한다. 그 속에는 분명 이야기가 있고 성취가 있으며 교훈이 있기 때문이다. 멀리서 찾으려 하지 말고 당장 나가서 아르바이트부터 해보길 바란다. 당신이 겪은 아르바이트의 모든 사건이 곧 스펙이 될 것이다.

알바신의 알바 꿀팁

아르바이트 할 땐 항상 기분 좋은 상태를 유지하라. 항상 웃는 얼굴로 아르바이트를 하라. 알바생의 웃는 얼굴을 보는 고객 또한 웃게 된다. 기분 좋은 상태에서의 아르바이트의 모든 사건은 곧 당신의 스펙이 될 것이다.

5

알바 스펙으로 갈 수 있는
기업들이 있다

우리는 우리가 아는 것만 볼 수 있다.
- 요한 볼프강 폰 괴테

알바도 알아야 보인다

나는 언제나 남들보다 한 발자국씩 느렸다. 고등학교 때도 그랬다. 수
능을 앞둔 친구들은 수시나 적성 고사 등 이것저것 알아볼 때 나는 그런
것들도 전혀 모르고 있었다. 편입 준비를 막 시작할 때도 그랬다. 다른
사람들은 2,000여 개의 초급 필수 영어 단어장인 '고필히 영단어'를 외우
고 있을 때 나는 무작정 영어 단어만 많은 'MD 33000'을 보고 있었다. 다
행히 선생님과의 상담 후 공부 방향을 다시 잡을 수 있었다. 이렇게 나는

정보를 습득하는 데 남들보다 항상 느렸다. 취업 준비 역시 졸업을 하고 본격적으로 시작했다. 꼭 상황이 닥쳐야 후회를 하며 열심히 하는 편이었다. 취업을 준비하다 보니 몰랐던 정보들이 너무 많았다. 특히 아르바이트 경험이 취업과 직접 연결될 수 있다는 사실을 전혀 몰랐다. 대기업이나 규모가 큰 프랜차이즈 같은 경우 다양한 방법으로 알바 경험을 우대하고 있었다. 예를 들면, 특정 대기업 매장에서 아르바이트를 일정 기간 하면 우대를 받을 수 있었다. 이렇듯 입사 지원에 가산점을 주거나 서류를 면제해주는 등 다양한 혜택을 제공하는 곳이 많았다.

나는 취업은 정보 싸움이라고 생각한다. 많은 정보를 알수록 더 많은 취업의 길이 열린다. 무작정 취업 준비를 하다 보면 어느 순간 해온 게 없는 자신이 한심해지고 막막해질 때가 있다. 취업 역시 적을 알고 나를 알아야 승리하는데 적을 모르는 상태에서 나부터 알려고 하니 힘들어지는 것이다. 꼭 발등에 불이 떨어져야 그때부터 허겁지겁 찾아보기 시작한다. 여러분도 일정 부분 공감하는가? 처음엔 취업 준비가 너무 힘들고 막막했다. 여러분은 이런 경험을 겪지 않지 않았으면 하는 마음에 취업 정보들을 아래에 적었다. 도움 되는 부분이 있다면 참고하길 바란다.

최근 취업 포털 사이트 잡코리아와 아르바이트 포털 사이트인 알바몬이 직장인 368명, 대학생 551명을 대상으로 '취업에 도움 되는 알바'를 주제로 공동 설문 조사를 실행한 바 있었다. 아르바이트 경험이 취업에 도움이 되었는지를 묻는 항목에 28.4%가 '그렇다, 유사 직무 분야에 취업했다'고 답했고, 뒤를 이어 '그렇다, 동종 업계에 취업했다'가 10.6%, '그렇다, 아르바이트하던 기업에 취업했다'는 7%를 차지했다. 약 50%가량의 직장인이 아르바이트 경험이 취업에 도움이 되었음을 증명한 조사였다. 이렇듯 아르바이트는 취업할 때 큰 도움이 된다. 아래는 우리가 주변에서 흔히 볼 수 있는 대표적인 '알바 스펙'이 가능한 기업들이다.

1. CJ그룹 (CJ Super Pass 제도)

서류 전형 면제 기회를 주는 '슈퍼패스' 제도는 공채 공고일 기준 2년 이내 6개월 이상 CJ CGV, CJ푸드빌 브랜드 및 투썸플레이스 직영 점포, 올리브영 등에서 근무 경험이 있어야 한다.

2. BGF리테일

동일 CU편의점 점포에서 6개월 이상 근무, 주당 24시간, 총 근무 624시간 이상 자격을 가진 자에게 서류 전형을 면제한다.

3. GS리테일

분기별로 GS편의점 우수 파트 타이머에 뽑힌 사람에게 서류 전형 통과 혜택을 부여한다. 우수 파트 타이머는 감사카드와 고객의 소리 등 서비스 마일리지를 기준으로 선발한다.

4. SPC리테일

파리바게트, 베스킨라빈스, 던킨도너츠 등의 브랜드를 보유한 SPC그룹은 대졸 공채 인원의 10%를 아르바이트 경력자로 채용한다. 던킨도너츠와 베스킨라빈스 경력자는 근무 기간과 근무 실적에 따라 차등 혜택을 준다.

5. 피자헛

근무 경력에 따라 단계별 승진 제도를 운영하고 있다. 파트 타이머 6개월 이상 근무자에게 부매니저 진급 기회를 제공한다.

6. 이디야 커피

서류 전형에서 가맹점 근무 경력이 있는 이디야 메이트에게 신입 공채 우대 혜택을 제공한다. 근무 기간에는 제한이 없으나 오래 근무하거나 희망기금을 받은 사람이 더 유리하다.

7. 롯데지알에스

롯데리아, 엔제리너스 브랜드를 가진 롯데지알에스의 스태프 제도는 일정 기간 근무한 아르바이트생을 정식 스태프로 뽑는 제도다. 스태프는

1년 이상 근무 후 공석이 발생하면 면접 후 정규직으로 전환될 수 있다.

8. 스타벅스

바리스타 ⇨ 슈퍼바이저 ⇨ 부점장 ⇨ 점장으로 승진 기회가 제공된다. (부점장부터는 신세계 스타벅스 정직원)

9. 메가박스

취업 지원 시 영화관 아르바이트 경력이 필수다.

관련 경험 알바 스펙 쌓기

나는 운 좋게 알바 스펙이 인정되는 기업 대부분에서 아르바이트 경험이 있었다. 피자헛에서 6개월 정도 근무하였고 이디야, 스타벅스는 아니지만, 할리스, 카페베네, 커핀그루나루 등 많은 카페에서 관련 경험을 1년 이상 쌓았다. 또한, CJ그룹의 계절밥상 6개월, CU편의점 1년, GS편의점 1년 등의 경험이 있다. 이렇듯 주변에서 쉽게 접할 수 있는 대부분의 아르바이트가 해당 기업의 알바 스펙으로 인정되고 있다. 아르바이트를 안 할 이유가 없는 것이다. 이왕이면 돈도 되고 스펙도 되는 아르바이트를 하는 게 더 좋지 않을까? 그 밖에도 해당 직무별 다양한 아르바이트가 있다. 따라서 무엇보다도 자신이 하고자 하는 일을 알고 접근하는 것이 가장 중요하다. 적어도 내가 원하는 분야와 근접하거나 그 영역 안에 있는 일을 할 때 자신의 이력으로 남길 수 있다. 또한, 원하는 분야를 간접 체험함으로써 진로에 대해 더욱 현실적으로 고민해볼 수 있는 방법이다. 아래에는 해당 직무별 도움 되는 아르바이트를 정리해놓았다.

1. 교육 분야 직무

학원, 과외 아르바이트 등이 이력을 쌓기에 좋다. 해당 아르바이트는 그 자체로 실무 이력을 남길 수 있기 때문에 자기소개서 및 면접에서 높은 점수를 얻을 수 있다.

2. 설문 조사, 리서치 홍보 및 마케팅 직무

리서치나 설문 조사 아르바이트와 관련 인턴 경험을 추천한다. 마케팅 부서에서 자주 진행하는 설문 조사와 통계 분석 업무를 충분히 겸할 수 있기에 직무 관련 스펙을 직접적으로 쌓을 수 있다.

3. 서비스 직무

레스토랑, 영화관, 호텔리어, 승무원 등의 서비스 직무 관련 직업을 희망하는 취업준비생들에게 추천한다. 실제 고객과 직접 소통도 하며 고객 응대 역량을 키울 수 있다. 서비스 관련 직종에서는 관련 경험자를 우대하여 채용하는 경우가 대부분이다. 밝은 미소와 친절한 태도는 실제 경험 유무에 따라 그 차이가 크기 때문이다.

4. 물류, 유통업 직무

경험해보기 가장 쉬운 편의점 아르바이트 추천한다. 물류나 유통업을 희망하는 구직자들에게는 실무를 경험할 가장 좋은 기회다. 물건의 재고 관리부터 정산 업무, 매장 관리까지 많은 경험을 할 수 있다.

이젠 아르바이트도 스펙인 '알바 스펙' 시대다. 당신이 모르고 있는 취업에 도움 되는 아르바이트가 주변에 널려 있다. 현재 취업 시장에서 가장 강조되는 것은 직무 관련 경험이다. 이왕 하는 아르바이트라면 취업에 도움 되는 방향으로 해보는 것이 어떨까? 실제로 인사 담당자들 역시 지원 기업의 업종과 맞는 아르바이트 경험을 채용 과정에서 고려하고 있다고 한다. 특히 요즘은 이전과 다르게 아르바이트를 구하기도 쉽지 않다. 그러니 무조건 돈만 벌겠다는 생각보다는 한 번을 해도 나에게 도움이 될 만한 것을 하는 게 유리할 것이다. 만약 당신이 아르바이트를 시작했다면 가장 중요한 것은 나만의 스토리를 만드는 것이다. 취업을 위한 형식적인 아르바이트가 아니라 나만의 특별한 경험을 해본다는 생각으로 아르바이트를 시작해보길 바란다.

취업 준비도, 아르바이트도 아는 만큼 보인다. 같은 시간을 투자해도 누구는 돈만 벌지만 누구는 소중한 경험까지 얻는다. 다양한 아르바이트를 경험하는 것도 중요하지만, 정확히 알고 접근하는 것 또한 중요하다.

본인이 무엇을 좋아하는지, 무엇을 하고 싶은지, 그러기 위해선 어떤 알바를 해야 하는지를 알고 접근해야 한다는 것이다. 우리는 우리가 아는 것만 볼 수 있다. 그러기 위해선 많이 알아야 한다. 찾아보면 알바 스펙만 해도 무수히 많다. 한 번쯤은 기업별로, 직무별로, 알바 스펙을 정리하는 시간을 가져보길 바란다. 더 많은 길이 보일 것이다.

알바신의 알바 꿀팁

독취사, 스펙업 등의 취업 포탈 카페에 들어가면 알바 스펙에 대한 많은

정보를 얻을 수 있다. 아르바이트뿐만 아니라 인턴 관련 자료들도 많다.

알바를 하든, 인턴을 하든 본인이 원하는 방향과 맞는 경험을 쌓아야 취

업할 때 유리하다.

6

나는 C기업에 가기 위해 C기업 알바를 했다

난 위험에 대해 그리 많이 생각지 않는다. 난 그저 내가 하고 싶은 것을 할 뿐이다.
앞으로 나아가야 한다면, 나아가면 된다.
- 릴리언 카터

나를 이끌어주었던 꿈

우리에게 목표란 어떤 의미일까? 작가 김태광은 자신의 저서 『김태광, 나만의 생각』에서 목표를 이렇게 말하고 있다.

"목표는 깜깜한 밤바다의 등대와 같습니다. 방향을 잃은 배는 등대의 불빛을 보며 항구로 무사히 귀환할 수 있습니다. 목표도 똑같습니다. 멀리 목표를 보며 나아갈 때 목표를 향한 마음이 흔들리지 않습니다. 뚜렷

한 목표가 자신을 이끌어주기 때문입니다."

나는 목표를 향해 가다 길을 잃은 적도 무사히 도착했던 적도 있었다. 이러한 경험을 통해 한 가지 사실을 알 수 있었다. 첫 번째의 등대를 놓쳐 길을 잃어도 곧 두 번째 등대가 다가와 나를 환하게 비춰줄 것이란 사실을. 여러분은 나를 비추는 등대만을 보며 간절하게 항해해본 경험이 있는가? 그게 아니라면 힘든 현실에서 방향을 잃지 않도록 비춰주는 목표가 있는가? 성공한 사람들이 공통으로 언급하는 게 하나 있다. 바로 '꿈을 가져라!'라는 말이다. 그 꿈은 작은 꿈도 될 수 있고 큰 꿈도 될 수 있고 목표가 될 수도 있다. 이러한 꿈들은 우리를 원하던 곳으로 나아가게 한다.

혹자는 살면서 꿈을 꼭 가져야 할 필요는 없다고 말하기도 한다. 하지만 나 역시 꿈은 반드시 가져야 한다고 생각한다. 꿈이 있어야 인생을 가슴 뛰게 바라볼 수 있기 때문이다. 또한, 꿈이 있을 때 진정 마음속 깊은 곳에서 열정이 생기고 실행력이 나오기 때문이다. 하지만 그렇다고 무작정 없는 꿈을 억지로 만들라는 것은 아니다. 굳이 없는 꿈을 만들려고 온종일 생각하고 시간 낭비할 필요는 없다는 것이다. 내가 바라본 꿈들은 생각이 아닌 몸으로 부딪칠 때 자연스럽게 온다고 믿었다.

꿈은 책상 앞에 앉아서 온종일 생각만 한다고 생기는 것이 아니었다.

여러분이 진정으로 가슴 뛰는 꿈을 찾고 싶다면 움직여야 한다. 20대는 머리가 아닌 몸이 힘들면서 꿈을 찾아야 할 시기다.

오직 한 곳만의 목표를 바라보며 항해했지만 길을 잃은 나의 경험에 대해 말해볼까 한다. 나는 2016년 6월부터 2018년 12월까지 오직 한 기업만 바라보며 취업 준비를 했다. 2년 반이라는 긴 시간을 준비했지만 결국 불합격 통보를 받았었다. 1년에 두 번 있던 채용에 지원했던 횟수만 총 다섯 번이었다. 채용 과정은 보통 서류 전형을 시작으로 인적성, 1차 면접, 2차 면접으로 총 네 번의 전형에 합격해야 했다. 나는 1차 면접에서 한 번, 서류에서 한 번, 인적성에서 두 번, 최종 면접에서 한 번 이렇게 총 다섯 번 떨어졌다. 스물아홉 살이 되던 해의 마지막까지 떨어지면 그만하자는 생각으로 도전했다. 결국, 끝내 합격할 수 없었다. 약속대로 나는 그만두었다. 이렇게 2년 반이라는 시간 동안 한 곳만 바라보며 준비했다. 그 기업이 궁금하지 않은가? 바로 'CJ그룹'이었다.

지금 생각하면 뭐에 홀려 그렇게까지 했는지 의문이 들기도 한다. 그때 당시 CJ그룹은 '대학생들이 가장 가고 싶어 하는 1위 기업'이었다. 또한, 단 한 번의 지원에 면접까지 갔기 때문이었다. 면접까지 가서 탈락한 아쉬움 때문에 더 놓지 못했던 것 같다. 사람들은 보통 도전을 하고 만족스럽지 못한 결과를 얻었을 때 아쉬움과 미련이 남는다. 하지만 나는 다섯 번이나 도전하고 마지막 불합격 결과를 받았을 때 정말 후련했다. 단 하나의 미련도 없이 결과에 깨끗이 승복할 수 있었다. 누군가는 '어떻게 미련이 안 남을 수 있지?', '다섯 번이나 도전했는데'라고 말할 수도 있겠지만, 내가 그렇게 할 수 있었던 이유는 2년 반 동안 할 수 있는 건 다하며 최선을 다했기 때문이었다. 말 그대로 정말 치열하게 준비했다. 할 수 있는 모든 수단과 방법을 가리지 않았기에 정말 후회가 없었다.

시련은 변형된 축복이다

지금부터 어떻게 한 곳만을 바라보며 준비를 했는지, 그 구체적인 이야기를 시작하려 한다. 나는 평소에도 만족할 때까지 수단과 방법을 가리지 않는 성격이었다. 될 때까지 해야만 직성이 풀리는 성격이었다. 실제로 이런 성격 덕분에 편입 시험에도 합격해 지방에서 건국대학교로도 편입할 수 있었다. 이 또한 1년의 준비 과정이 실패로 돌아간 후 2년 만에 거둔 결과였다. 나에게 시간이 걸린다는 건 별로 중요하지 않았던 것 같다. 이렇듯 성공했던 과거의 기억 때문에 2년 반 동안 그렇게까지 할 수 있었는지도 모르겠다.

대학교를 졸업하고 처음으로 들었던 채용설명회가 CJ그룹이었다. 그리고 생전 처음으로 지원했던 기업 역시 CJ그룹이었다. 그때 당시 나에게 있어 기업은 오직 CJ그룹밖에 없었다. 아마 채용설명회에 홀렸던 게 아닌가 싶다. 여러분도 한 번 CJ그룹 채용설명회에 가보길 바란다. 이해가 될 것이다. 졸업 후 지원하기까지 약 3개월이라는 짧은 시간 동안 준비를 잘 마쳤다. 그 어렵다는 서류부터 인적성까지 통과하고 면접까지 갔었다. 첫 지원부터 잘 풀리니 '뭐야. 취업 별로 안 어렵네.'라고 자만했던 것도 사실이다. 그렇게 나의 시대는 면접에서 끝이 났다. 그때 당시 나와 같이 지원했던 친구는 합격했지만 나는 떨어졌다. 그 기분은 말로 설명하기 어려울 정도였다. 멘탈 붕괴 상태에 가까웠다. 그렇게 나는 충격에 며칠을 보냈다.

하지만 여기서 포기할 내가 아니었다. 나는 복수(?)를 결심하고 바로 스피치 학원에 등록했다. 면접에서 떨어졌으니 이를 대비하기 위한 나의 전략이었다. 그렇게 면접을 위한 두 달간의 트레이닝을 끝냈다. 그다음 해 그토록 기다렸던 상반기 채용이 올라왔다. 나는 처음에 면접까지 갔으니 당연히 면접까지는 갈 줄 알았다. 아니었다. 이전과 똑같이 준비했지만, 이번엔 서류 전형에서 떨어졌다. 이전의 멘탈 붕괴와는 차원이 달랐다. 두 달에 120만 원 하는 스피치 학원까지 등록하며 준비했는데 서류 전형 탈락이라니, 멘탈이 붕괴하다 못해 갈기갈기 찢겨 나갔다.

하지만 여기서 포기할 내가 아니었다. 서류 전형에 쓸 만한 경험을 쌓기 위해 관련 업종의 중소기업에 입사하였다. 말 그대로 나의 모든 신경은 오직 'CJ그룹 입사'에 꽂혀 있었다. 회사에 다니면서도 몰래 틈틈이 준비했다. 그해 하반기 채용이 올라왔다. 이번엔 인적성 시험에서 떨어졌다. 인적성 시험은 충분한 준비 기간이 필요했는데 회사까지 다니며 하기엔 힘들었던 게 사실이었다. 이 정도 되면 포기할 만했지만, 나는 또 도전했다. 모든 걸 완벽히 하도록 마지막 수단을 활용했다. 시간을 확보하기 위해 퇴사를 결정했다. 그리고 절대 서류 전형에서 떨어지고 싶지 않았던 나는 CJ그룹의 계절밥상에 알바생으로 들어갔다. 그때 당시 6개월 이상의 아르바이트 경험이 있으면 서류 전형을 통과시켜주었기 때문이었다. 그렇게 나는 오직 'CJ그룹 입사'라는 목표를 향해 아르바이트를 시작하게 되었다.

목표에 대한 간절함 때문이었을까. 나는 정말 열심히 일했다. 돌솥에 손도 데이고 매일 홀에서, 빽룸에서 자신과의 사투를 벌였다. (빽룸이란, 일종의 주방을 말한다.) 한겨울엔 난방도 안 되는 빽룸에서 잔반 묻은 패딩까지 입으며 손이 얼도록 접시들을 닦았다. 그렇게 하다 보니 어느새 서류 전형에 활용할 만한 '이달의 해피사원'에 뽑히기까지 했다. 그렇게 6개월 동안 일하면서 마지막 도전을 했고 불합격으로 끝이 났다. 그리고 나는 계절밥상을 그만두었다. 후회 없는 도전이었다. 다음은 실제 그 당시의 나를 기억한 매니저의 카톡 메시지다. 나의 힘든 마음을 잘 알아주었기에 아직도 간직하고 있었다. 서면을 빌려 그녀에게 감사한 마음을 전하고 싶다.

"대의님! 아까는 일하느라 제대로 말씀 못 드린 것 같아서…. 제 주변에서 대의님처럼 목표를 가지고 열심히 사는 사람은 처음이었어요. 배울 점도 많고 대단하다고 생각했어요. 이번에 대의님이 이루고자 하는 목표가 꼭 이루어지길 진심으로 바랐는데…, 얘기 들으니까 속상하기도 하고 어떤 말로도 대의님에게 위로되지 않겠지만… 대의님이라면 뭐든 이룰 수 있을 것이라 생각해요. 그러니 힘내세요! 그리고 빽에서 힘드셨을 텐데 항상 감사합니다."

나는 2년 반 동안 내 전부를 CJ그룹에 입사하겠다는 꿈에 쏟아 부었다. 이쯤 되면 정말 후회도 없다. 그때야 나는 비로소 깨달았다. '나랑 안 맞는 기업이구나. 이쯤 했으면 된 거야.'

시련은 변형된 축복이라 그랬다. 이 시련을 통해 나는 소중한 경험을 했고 그 속에서 깊은 교훈과 깨달음을 얻으면 된 것이었다. 결과적으로 나는 지금의 회사에 훨씬 만족하며 즐겁게 다니고 있다. 이처럼 여러분도 인생의 등대를 하나씩 만들어가면 어떨까? 그 등대들이 여러분을 올바른 길로 환하게 비춰줄 것이다. 혹 길을 잃게 되어도 걱정하지 말자. 첫 번째의 등대를 놓쳐 길을 잃어도 곧 두 번째 등대가 당신을 환하게 비춰줄 것이니까 말이다.

알바신의 알바 꿀팁

아르바이트를 시작 전 반드시 목표를 세워라. 그 목표가 당신을 이끌 것이다. 목표가 있는 사람은 절대 지치지 않는다. 목표가 있는 알바생은 태도부터 다르다. 그런 당신의 태도가 알바 스펙을 만드는 것이다.

7

100% 합격하는
아르바이트 스토리

비관론자는 모든 기회에서 어려움을 찾아내고,
낙관론자는 모든 어려움에서 기회를 찾아낸다.
- 윈스턴 처칠

아르바이트로 나를 찾다

경험은 우리 인생에서 가장 소중한 자산이다. 나는 경험만큼 좋은 선생님은 없다고 생각한다. 이렇듯 경험은 진짜로 원하는 인생을 알려주는 진정한 선생님이다. 위대한 성공자의 이야기나 책에서 본 명언도 내가 직접 경험해보지 않고선 제대로 알 수 없다. 백 번을 보고 듣는 것보다 한 번 실행해 보는 경험이 중요하다는 뜻이다.

나는 아르바이트를 통해 세상을 배웠다. 아르바이트가 우리에게 알려주는 건 너무나도 많아 일일이 나열할 수가 없을 정도다.

나는 고등학교를 졸업하는 그날까지 내가 누구이며 무엇을 좋아하고 싫어하는지, 잘하는 건 무엇이고 못하는 건 무엇인지도 몰랐다. 아직 다 듬어지지 않은 원석 같은 느낌이랄까. 우리나라 학생들 대부분이 그럴 것이다. 스무 살이 되기 전까지 나를 찾을 만한 기회가 많지 않다. 교육 시스템이 그렇게 짜여 있기 때문이다. 나 역시 학교에서 알려준 대로만 따라갔다. 주체적인 생각을 하거나 판단해볼 수 있는, 그런 여유나 삶조차 없었다. 매일매일이 학교, 집, 학원, 집을 오가며 연속된 삶을 반복하며 살았다. 그렇게 나는 나에 대해 아무것도 모른 채 고등학교를 졸업했다.

나는 지금까지 10년이라는 시간 동안 치열하게 아르바이트를 하며 경험을 쌓았다. 그 과정에서 점차 나를 찾아가고 있었다. 나는 내가 생각했던 것보다 훨씬 강한 사람이었다. 이전에는 미처 발견하지 못했던 집념이나 끈기가 남들보다 강한 편이었다. 그리고 한번 목표를 세우면 반드시 이루고 마는 성격이었다. 공부를 잘하지 못해 매번 우울했던 나의 모습은 더욱 활발하고 밝았다. 대인 관계에도 전혀 문제가 없었다. 오히려 같이 일했던 사람들은 처음 본 나에게 많은 호감과 관심을 주었다. 이렇듯 학교 다닐 때는 몰랐던 진짜 모습을 아르바이트를 통해 발견할 수 있었다. 반대로, 학교는 나를 성적으로만 판단했다. 따라서 칭찬 한번 들은 적 없던 나는 한없이 작아질 수밖에 없었다. 이처럼 나를 한없이 작게만 했던 고등학생 때와는 다르게 아르바이트 속 세상은 나를 공평하게 대해 주었다.

자신을 가장 빠르게 찾는 길은 오로지 세상에 부딪히는 방법밖에 없다고 생각한다. 분명 그 과정에서 나의 성격과 성향이 나온다. 어려움에 부딪힐 때 비로소 자신을 만날 수 있는 것이다. 포기하는지 안 하는지, 남 밑에서 일할 수 있는지 없는지, 적극적인지 소극적인지를 말이다. 이를 가장 효과적으로 경험할 수 있는 곳이 아르바이트다. 아르바이트를 하다 보면 정말 다양한 경험을 하기 때문이다. 심지어 나는 이러한 경험도 있었다.

한번은 편의점에서 아르바이트를 할 때였다. 40대 정도 되는 중년의 여성이 편의점으로 뛰어 들어왔다. 나에게 와서 "제발 살려주세요."라고 하는 것이었다. 굉장히 다급한 목소리였다. 우선 그녀를 보호하기 위해 내가 있는 계산대 안쪽으로 피신시켰다. 바로 뒤따라서 한 중년 남성이 따라 들어왔다. 그녀에게 입에 담을 수 없는 폭언을 뱉으면서 당장 나오라고 했다. 나는 빠르게 경찰에 신고한 뒤 계속 그녀를 등 뒤에 두고 계속 보호했다. 그 과정에서 그 남성과 실랑이를 벌이다 그의 주먹에 얼굴을 맞았다. CCTV가 다 찍힌 상황이었고 그는 경찰서로 연행되었다. 그렇게 상황이 끝이 났다. 나는 그때 당시 어떻게 해서든 그녀를 보호해야만 한다고 생각했다. 그녀는 내게 고맙다고 말하며 그와 함께 조사를 받기 위해 경찰서로 갔다. 아르바이트를 하다 보면 이러한 일들은 아무것도 아니다. 아르바이트를 하면 수많은 상황과 그 속에서 정말 다양한 사람들을 많이 만나볼 수 있다. 계산할 때 돈을 집어던지는 사람, 반말 하고 명령조로 말하는 사람, 화내고 욕하는 사람 등 셀 수 없이 많다. 반대로, 배달하러 갈 때면 따뜻한 말 한마디와 함께 박카스를 줬던 손님들도 있었다. 이러한 경험에서도 많은 배움을 얻을 수 있었다. '나는 절대 저 사람처럼은 안 해야겠다.', '나도 배달시킬 때면 따뜻한 말 한마디라도 건네야지.'라고 말이다. 그 후로 나는 배달이 올 때마다 매번 배달원에게 정중히 감사 인사를 한다. 그 말들이 그들에게 얼마나 힘이 되는지 나는 알고 있기 때문이다.

100% 합격하는 알바 스토리

다양한 아르바이트를 경험하며 나를 찾았다면 그 경험을 바탕으로 나에게 맞는 직무를 찾아봐야 한다. 아르바이트를 하다 보면 어느 정도는 내가 어떤 사람인지 보일 것이다. 예를 들어보자. 아르바이트를 하면서도 더 개선될 건 없는지 항상 고민하는 사람들이 있다. 기존에 없던 것에서 새로운 것을 만들어내는 창조적인 일을 좋아하는 사람들이다. 이런 사람들은 기획이나 홍보 쪽 직무에 가까운 성향을 지닌 사람일 것이다. 그리고 일을 하다 보면 고객들과 신기할 정도로 말을 잘하는 알바생이 있다. 일하는 건지 노는 건지 알 수 없을 정도로 낯을 안 가리고 성격이 밝은 친구들이다. 이런 알바생은 사람을 만나는 영업 서비스 직무의 성향을 지닌 사람일 확률이 높다. 반대로, 꼼꼼하면서 정적인 업무를 선호하며 어떤 일을 수행하는 데 끝까지 책임감을 갖고 일하는 친구들이 있다. 이런 알바생은 품질 관리 쪽 직무의 성향을 지닌 사람일 확률이 높다. 이처럼 아르바이트를 통해 본인이 어떤 사람인지 먼저 파악하는 게 중요하다.

나는 대학교 4학년 때 열정페이로 실험실에서 잠시 일을 했던 경험이 있다. 여기서 열정페이란, 무급 또는 최저 시급을 받으며 그 이상의 열정을 팔아야 하는 일을 뜻한다. 내가 했던 주된 일은 아침에 일찍 와서 청소를 마치고 실험에 필요한 기본적인 준비를 하는 것이었다. 나는 두세 달 정도를 매일 실험실에 출퇴근하며 실험을 진행했다. 실험은 원하는 결과가 나올 때까지 그 과정에서 왜 실패했는지 분석하고, 논문을 찾아 공부하고, 재실험을 반복하는 것이었다. 짧은 기간이었지만 내가 느꼈던 연구개발 쪽의 직무는 굉장히 학술적이고 섬세한 사람들이 해야 하는 일이었다. 또한, 다양한 상황에서 경우의 수를 파악해야 하며 엄청난 인내와 노력이 필요했다. 우여곡절 끝에 실험 결과는 냈지만 내 길은 아닌 것 같아서 바로 나왔다.

이렇듯 다양한 아르바이트를 하면 할수록 취업에 유리하다. 어떤 직무에 지원하더라도 쓸 이야기가 있기 때문이다. 쉽게 말해 본인의 알바 스토리를 취업 후 본인이 해야 할 업무에 연장해서 설명하면 100% 합격인 것이다. 단, 그 전에 내가 지원할 직무에 대한 파악이 우선되어야 한다. 나는 이러한 '직무 파악'이 취업의 열쇠라고 생각했다. 취업 후에 해야 할 일에 대해서는 현업에 종사하고 있는 사람만큼 잘 알고 있어야 한다. 지원할 직무에 대한 방향을 잡았다면 자기소개서의 각각의 문항이 무슨 의도를 갖고 나의 어떤 경험을 원하는지 파악해야 한다. 아래는 자기소개서의 대표적 문항들이고 이 속에 어떤 의도가 들어 있는지 내 생각을 적었다. 여기에 여러분들의 어떤 아르바이트 경험을 써야 할지 한번 고민해보길 바란다.

첫째, 본인이 회사를 선택할 때 가장 중요하게 생각하는 것과 기업이 그것과 어떻게 부합하는지 기술하여 주십시오.

숨은 의도: 회사 선택의 기준을 물어보는 것으로 지원 동기와 가치관을 알아보고자 하는 문항이다. 지원한 회사, 내가 선택한 직무에 대해 여러분이 어떻게 바라보고 있는지, 그리고 그것이 본인의 가치관과 어떻게 부합하는지를 잘 생각해보고 작성하면 된다.

둘째, 기업의 인재상 중 본인에게 가장 적합한 한 가지를 선택하여 사례를 소개하여 주십시오.

숨은 의도 : 인재상을 묻는 것으로 인재상과 본인이 잘 맞는 사람이라는 것을 보여주면 된다. 또한, 여기서 잊지 말아야 하는 것은 지원하는 직무다. 나는 인재상 중 어떤 것과 부합하는지 표현하는 것에만 그치면 안 된다. 반드시 지원 직무를 고려해서 작성한다.

셋째, 지원 분야에 필요한 직무 역량을 습득하기 위해 했던 노력에 관해 기술하여 주십시오.

숨은 의도 : 직무 역량에 관한 것이다. 만약 영업 직무에 지원한 경우라면 제품에 대한 끊임없는 학습과 시장 분석력, 고객과의 소통 능력이 핵심역량이다. 본인이 영업 직무를 위해 어떠한 역량을 가졌는지 사례와 함께 보여주면 된다.

감이 좀 잡히리라 생각한다. 여기에 자신만의 알바 스토리를 녹여내기만 하면 되는 것이다. 아르바이트만 해도 이렇게 쓸 말들이 넘쳐난다. 여러분은 아르바이트를 통해 스스로가 어떤 사람인지 먼저 찾고 직무와 관련된 이야기를 만들기만 하면 되는 것이다. 굳이 다른 것들을 준비하려고 많은 시간을 허비할 필요가 없다. 명심하길 바란다. 기업은 당신만이 가지고 있는 그 특별한 이야기를 원한다는 것을. 특별한 경험에서 무엇

을 느꼈으며 이를 통해 어떻게 성장했는지, 향후 어떤 인재가 되어 회사

에 도움을 줄 것인지 마음을 다해 적어내기만 하면 된다. 이게 곧 '100%

합격하는 아르바이트 스토리'가 되는 것이다.

알바신의 알바 꿀팁

취업은 아르바이트의 연장선이다. 본인의 아르바이트 경험을 얼마나 잘 녹이느냐가 핵심이다. 그러기 위해선 최대한 다양한 아르바이트 경험이 뒷받침되어야 한다. 언제, 어디서든 활용 가능한 아르바이트 스토리를 많이 만들어라.

8

나는 사장님과
아직도 연락하는 사이다

어리석은 사람은 인연을 만나도 인연인 줄 알지 못하고,
보통사람은 인연인 줄 알아도 그것을 살리지 못하며,
현명한 사람은 옷자락만 스쳐도 인연을 살릴 줄 안다.
- 피천득

사장과 알바생의 관계

아르바이트를 하면서 느낀 것이 하나 있다. 사람들과의 관계를 잘 정
립해야 한다는 것이다. 특히 아르바이트를 그만둘 때는 더욱 그렇다. 뭐
든지 시작도 중요하지만, 끝이 더 중요한 이유인 것 같다. 시작이 아무리
좋아도 그 끝이 좋지 않으면 그 관계는 좋지 못한 채 끝이 난다. 이렇듯
고용주, 피고용자 간에 최소한의 예의는 서로 잘 지켜줘야 한다. 먼저 고
용주는 피고용자에게 급여를 제때 줄 의무가 있다. 반대로, 피고용자는

고용주에게 지각, 결근 등으로 피해가 가지 않도록 해야 할 의무가 있다. 이제는 사장이라고 무조건 갑이고 알바생이라고 을인 시대는 아닌 것 같다. 그래서인지 요즘에는 알바생의 갑질 소식이 들려오기도 한다. 이를 '을의 갑질'이라고 한다. 대표적 이유로는 무단결근을 하거나 갑자기 통보도 없이 아르바이트를 그만두는 일이다. 그래 놓고 며칠 후에 "지금까지 일한 시간 당장 급여로 보내주세요."하고 문자 한 통을 보낸다. 알바생의 갑질(을의 갑질)은 이런 경우를 말하는 것이다. 이런 경우 고용주는 피고용자로 인해 손해를 입을 수밖에 없다.

반대로 고용주는 피고용자에게 명시된 날짜에 정확히 급여를 지급할 의무가 있다. 돈을 벌기 위해 하는 일을 사정이 어렵다며 급여를 제때 안 주는 사장들이 가끔 있다. 혹 이런 사장을 만났다면 당장 그만두기를 바란다. 이제는 고용주, 피고용자 모두 이런 일들이 발생하지 않도록 해야 한다. 서로를 존중해주며 책임감 있는 자세를 가져야 할 때다.

나는 6개월 정도 순댓국집에서 일했던 적이 있었다. 나 역시 제때 급여가 들어오지 않아 스트레스를 정말 많이 받았다. 특히 이럴 때 가장 난감했다. 10일이 월급날이어서 10일에 맞춰 휴대전화비 등을 자동이체 해놓았다. 가끔은 부족한 돈을 친구들한테 빌려 월급날인 10일 날 주겠다고 말하기도 했다. 하지만 10일이 됐을 때 급여가 들어오지 않았다. 언제부턴가 나는 통신사로부터 독촉 전화를 받고 있었다. 또한, 친구들로부터는 왜 안 주냐며 짜증 섞인 소리를 들어야만 했다. 제때 돈만 받으면 굳이 듣지 않아도 될 말을 욕까지 먹어가며 수습하고 있던 것이었다. 사장님은 매번 급여 날짜를 미뤘다.

"가게 사정이 어려워…. 다음 주에 꼭 부칠게."
"2주 후에 한꺼번에 주면 안 되니?"

처음에는 "알겠습니다…."라고 사정을 봐주었다. 그런데 언제부턴가 사장은 그게 당연한 것처럼 여겼다. 나 역시 더 이상은 봐줄 수 없었다. 나는 내 사정을 다 말하며 오늘 꼭 줘야만 한다고 딱 잘라 말했다. 그리고 그 이후부터는 급여가 날짜마다 잘 들어왔다.

여러분도 아마 이런 경험이 한 번쯤은 있을 것이다. 제때 급여가 들어오지 않을 때 알바생들 입장에서는 너무 화가 난다. 급여 나오는 날 만을 기다리며 일을 하고 있는데 나중에 주면 안 되냐고 하니 화가 안 날 수 있겠는가. 당장 그만두고 싶은 마음밖에 들지 않는다. 지금까지 일한 건 받고 그만둬야지 하면서 악순환이 반복되는 것이다. 알바생이 급여를 제때 받는 건 당연한 일이다. 그러니 미안해할 필요도 없으며 당당히 달라고 말해야 한다. 제때 급여를 주는 게 지극히 정상적인 일이기 때문이다.

그렇지 않으면 여러분만 손해를 입게 된다. 이런 부류의 사장들을 만나면 당장 그만둬라.

이와는 반대로 아르바이트를 하다 보면 따뜻한 사장님들도 많다. 일하는 중에 먹을 거 하나라도 챙겨주려 찾아오기도 한다. 심지어 생일이라고 기프티콘까지 보내준 사장님도 있다. 그만둘 때면 고생했다고 3만원, 5만 원씩 주는 분들도 있었다. 이 역시 사장님과의 관계가 어느 정도 신뢰가 쌓일 때나 가능한 일이다. 내가 아르바이트를 해보니 사장님들이 가장 좋아하는 유형의 알바생이 있다. 도움을 요청할 때 시간 내서 도와주는 그런 알바생이다. 가끔 무단결근이나 갑작스럽게 일이 생긴 알바생 때문에 가게 상황이 곤란할 때가 있다. 이런 상황에서 도와주면 사장님들이 정말 고마워한다. 물론 본인의 일이 있는데도 일부러 시간 내서 갈 필요까지는 없다. 이런 식으로 사장님들과 조금씩 신뢰를 쌓아가는 것이다. 그러면 일을 그만두고도 서로 도움을 주고받는 관계로 발전할 수 있는 것이다.

소중한 인연

나는 편입하기 전까지 다양한 아르바이트를 경험했지만 대부분 몸을 쓰는 일이었다. 그래서인지 머리를 쓰는 아르바이트에 대한 로망이 있었다. 편입을 준비하면서도 항상 속으로 '편입에 성공하면 꼭 학원 알바를 해 봐야지!'라고 생각했었다. 나는 평소 학원 알바를 하는 애들이 너무 부러웠다. 몸도 편하고 시급도 다른 곳보다 더 셌기 때문이었다. 누구나 할 수 없는 상위 알바 같은 느낌이 들었다. 여름엔 시원하게, 겨울엔 따뜻하게 책상에 앉아 학생들에게 지식을 전달하는 일이 너무나 멋져 보였다. 마침내 나는 바람대로 꿈을 이루었고 학원 아르바이트를 할 수 있게 되었다. 여러 학원에 지원했고 그중 한 곳에서 면접에 오라는 문자를 받았다. 어떤 식으로 면접을 볼지 전혀 감이 잡히지 않았다. 인성 테스트 정도 하겠거니 하고 편한 마음으로 면접을 보러 갔다. 생각과는 다르게 원장 선생님은 책을 한 권 주면서 학생들 가르치듯이 설명해보라는 것이었다. 준비하지 못한 탓에 적잖이 당황해 등에 땀이 주르륵 흘렀다. 편입 강사가 나에게 설명하듯 나는 문장 하나하나를 분석해가며 설명했다.

"주어와 동사가 나오죠. 여기서 동사는 타동사니까 목적어를 받아야겠지요?"

그렇게 면접이 끝났다. 느낌이 좋지 않았다. 뭐라고 말하고 나온 건지 전혀 기억이 나지 않았다. 열정만을 봐주신 건지 그렇게 최종 합격을 하고 나는 학원 알바를 시작하게 되었다.

다음 날 바로 여고생을 일대일로 가르쳤다. 나는 사람을 가르치는 게 이 정도로 힘들다는 것을 그때 처음 느꼈다. 가끔 자습실에서 학생들을 감독하는 일도 했는데 남학생, 여학생 할 것 없이 시장통이 따로 없었다. 아무리 제지해도 순간뿐이었다. 얼굴을 붉히고 소리를 질러야 좀 잠잠해졌다. 학원 일은 몸은 편했지만, 정신적으로 힘들었다. 역시나 세상엔 쉬워 보이는 것은 있어도 쉬운 것은 없다는 걸 몸소 깨닫는 순간이었다. 이런 나에게 원장 선생님은 옆에서 많은 걸 챙겨주었다. 항상 밥은 먹었냐며 물어봐주고 안 먹었으면 밑에서 먹고 장부에 적어놓으라고 했다. 심지어 학원을 그만두고 생일을 맞이했을 때도 선물을 보내줄 정도였다. 나 역시 선생님에게 항상 감사한 마음을 갖고 있었다. 그래서 나는 그만두고도 선물을 사서 학원에 찾아가기도 했다. 얼마 전엔 선생님 생일을 기억해놓고 베트남 여행 중에 샀던 선물까지 드렸다. 이런 식으로 지금도 꾸준히 연락하며 잘 지내고 있다. 아래는 실제 편지 내용의 일부다. 학원을 그만두었는데도 명절 선물 10만 원과 함께 주셨던 편지다.

To. 대의 쌤

대의 쌤~, 일하셨을 때 학원이 어려워, 한 번도 명절 보너스를 못 드렸네요~. 대의 쌤은 그만두셨어도 우리 학원의 일원이니까 같이 드려요!!! 매번 찾아와 주시고 그래서 너무 감사합니다. 앞으로도 자주 오세요.^^ 지금, 이 모습 그대로면 대의 쌤은 엄청나게 성공할 거예요!! 파이팅!!

알바신의 365 알바신공

아르바이트를 통해 이런 분을 만났다는 게 내겐 정말 행운이었다. 얼마 전에 찾아갔을 때는 책을 쓰고 있다고 말했다. 너무 대단하다며 칭찬과 응원을 많이 해주셨다. 책이 나오면 인스타그램에 홍보를 많이 해주겠다고 약속했다. 나에게 있어 정말 소중한 분이다.

소중한 인연은 서로 만들어가는 것이다. 한쪽에서 일방적으로 잘한다 해도 그 관계는 오래가지 못한다. 때문에, 아르바이트를 하다가도 따뜻하게 대해주는 분들이 있다면 우리 역시 그들에게 더 잘해야 한다. 그렇게만 된다면 분명히 그 관계는 오래갈 것이다. 이런 분들을 인생에서 한 명이라도 만드는 것은 본인의 삶에 엄청난 자산이 될 것이다. 그러기 위해 평소에 정말 잘해야 한다. 무단결근은 절대 해서도 안 되며 상황이 어려울 땐 돕기도 해야 한다. 이런 분들은 평소에도 고마움을 아는 분들이기 때문에 그 이상의 가치로 나에게 돌아온다. 이렇듯 평소에 하는 일에 주인의식을 갖고 적극적으로 임하다 보면 좋은 사람을 만나게 되어 있다. 여러분 역시 멋진 사장님을 만나 꾸준히 연락하는 소중한 관계를 맺기 바란다.

알바신의 알바 꿀팁

관계는 내가 만들어 가는 것이다. 지각, 무단결근만 하지 않아도 사장님과의 신뢰가 쌓인다. 따뜻한 사장님은 내가 만드는 것이다. 가게가 어려울 때 한 번쯤 도움을 드려보자. 당신을 알바생 그 이상으로 생각할 것이다.

365알바신공

100% 이득 보는
아르바이트 선정
8가지 법칙

1

편하기만 한 알바는
얻는 게 없다

怕吃苦的人苦一輩子, 不怕吃苦的人苦一阵子.
(고생을 두려워하면 한평생 고생하고, 고생을 두려워하지 않으면 한바탕 고생한다.)
- 중국 명언

언제나 힘들었던 세상

"고생해야 얻는 게 있다."

"젊었을 때 고생은 사서도 해야 한다."

"아프니까 청춘이다."

마치 꼰대처럼 들릴 수도 있는 말인 거 잘 알고 있다. 이런 말들이 힘

들게 살아가는 청년들에게 고생을 강요하는 것 같아 상처를 준다는 것도

안다. 이렇듯 현시대를 살아가고 있는 청년들은 모두 어렵고 힘들다. 이런 말들 때문인지 청년 세대와 기성세대 사이에는 서로를 이해하지 못하는 부분이 존재하는 것 같다.

먼저, 청년 세대는 기성세대의 희생에 대해 잘 모르고 있거나 이해하려 하지 않는다. 내가 바라본 기성세대는 아픔이 있는 세대라 생각한다. 꿈을 찾고 싶어도 그러지 못했던 아픔과 가족을 위해 희생해야 했던 아픔들 말이다. 부모를 모시는 당연한 시대에 살며 자식을 위해서는 끝없는 희생을 해온 세대가 지금의 기성세대다. 주변에 흔하게 볼 수 있는 우리 아버지, 어머니의 모습이다. 내가 기성세대였다면 지금 내가 누리고 있는 나의 모습을 많이 부러워했을 것 같다. 최소한 우리는 꿈은 꿀 수 있는 시대에 살고 있지 않은가. 나는 우리가 먼저 기성세대에 감사하는 마음을 가져야 한다고 생각한다. 하지만 기성세대 역시 청년들의 문제들을 더 이상 간과해서는 안 된다고 생각한다. 지금 청년들이 겪고 있는 문제들을 '넌 노력하지 않아서 그래.', '요즘 애들은 힘든 걸 안 하려 한다니까.' 등의 표현으로 함부로 치부해서는 안 된다. 기성세대 역시 이제부터라도 따뜻한 마음으로 옆에서 지켜봐주고 때로는 조언도 해주며 응원해줬으면 좋겠다.

그럼 청년 세대와 기성세대 중 도대체 누가 더 힘든 시대를 보냈고, 보

알바신의 365 알바신공

내는 걸까. 청년 세대가 더 힘든 세상을 살고 있는 것일까? 혹자는 이렇게 말할 수도 있다.

"기성세대들은 조금만 노력해도 쉽게 대기업을 갈 수 있는 시기였어."
"폭발적인 경제 성장기에 돈만 넣어놔도 돈이 불어나는 시대 아니었나?"

일부 틀린 말은 아니다. 하지만 나는 그렇게 생각하지 않는다. 지금이 이전보다 시대적으로나 환경적으로 더 자유로워졌다고 생각한다. 나는 금수저도, 은수저도 아니다. 아버지가 고등학교 3학년 때 돌아가시고 엄마와 누나와 셋이서 살아야 했다. 엄마는 청소 일을 하며 돈을 벌었고 누나는 비정규직으로 일을 했다. 이런 어려움 속에서도 '나는 할 수 있다.'라는 희망과 자유가 있었기 때문에 사는 게 행복했다. 가난하고 돈이 없으면 내가 벌면 그만이었다. 우리가 사는 시대가 예전처럼 법적으로 자유를 억압하는 시대도 아니지 않은가. 그래서 나는 힘든 상황 속에서도 항상 꿈꿀 수 있었고, 노력하면 이룰 수 있다고 믿었다. 지금도 그 마음에는 변함이 없다. 그래서 나는 지금도 최선을 다해 노력하고 있고 채워나갈 결핍이 있어서 즐겁고 행복하다. 부족하면 노력해서 채우면 그만이니까 말이다.

이 시대를 살아가는 세대들은 모두 저마다의 고민을 껴안으며 항상 힘들었다. 계급 사회로 인해 힘들었고 부모님을 모시고 자식들까지 키우며 자신을 삶을 포기하느라 힘들었다. 지금은 또 상상 초월의 경쟁률을 뚫고 취업하느라 너무 힘들다. 서로 자기가 최고로 힘들다고 말하고 있다. 그래서 더욱 갈등은 깊어지고 답은 영원히 나오지 않고 있다. 이제는 갈등을 접고 서로를 존중해주며 이해해보는 게 어떨까? 우리 모두 힘드니까 말이다.

편한 알바는 얻는 게 없다

내가 했던 아르바이트는 단계별로 힘든 정도가 달랐다. 어떤 강도의 아르바이트를 할 것인지, 선택은 여러분이 하면 된다. 하지만 쉬운 아르바이트일수록 크게 기억나는 건 없다고 말해주고 싶다.

첫째, 편한 아르바이트, '대학교 근로장학생', '편의점'
둘째, 적당한(?) 아르바이트, '헬스장', '카페', '패스트푸드점'
셋째, 힘든 아르바이트, '호텔', '식당', '뷔페', '막노동'

편한 아르바이트로는 '대학교 근로장학생'과 '편의점' 등이 있다. 그 이유는 틈틈이 앉아 일할 수 있기 때문이었다. 내가 했던 아르바이트 중에 가장 편했던 아르바이트는 학교 내 근로장학생으로 일할 때였다. 근로장학생은 최저 시급보다 시급이 세고 공강 중에 할 수 있다는 큰 장점이 있었다. 그만큼 경쟁률도 치열했다. 나 역시 세 번 정도의 지원 끝에 마지막 학기에 뽑힐 수 있었다. 내가 주로 했던 일은 책상 앞에 앉아서 초등학생도 할 수 있는 서류 작업을 하는 것이었다. 가끔 홍보 포스터를 붙이러 캠퍼스를 돌아다닐 때도 있었지만 이마저도 '꿀'이었다. 2학기가 시작하는 가을 날씨에 자전거를 타고 시원한 바람을 맞으며 포스터를 붙이러 다녔다. 그 기분은 해본 사람만이 알 것이다. 이어폰을 끼고 노래를 부르며 신나게 했던 유일한 아르바이트였다. 하지만 딱 여기까지다. 나에게 그 이상의 특별한 기억은 없었다. 있었다면 놀면서 돈 번다는 즐거운 추억뿐이다.

물론 모든 근로장학생 알바가 편한 건 아닐 것이다. 하지만 평균적으로 많은 대학생이 편하다고 느끼기에 가장 선호하는 아르바이트인 것은 사실이다. 가끔 힘든 일을 하는 경우도 있다고 들었지만, 사업장에서 사장님 밑에서 눈치 보며 하는 아르바이트보다는 편할 것이다. 대학교 근로장학생 아르바이트, 꿀알바로 한 번쯤은 해볼 만하다.

적당한(?) 아르바이트로는 '헬스장', '카페', '패스트푸드점' 등이 있다. 세 가지 모두 쓰러질 정도로 힘든 아르바이트는 아니기 때문이다. 카페알바는 처음 해본 사람이라면 누구나 즐겁게 일할 수 있는 대표 아르바이트다. 먹기만 하던 커피를 직접 제조도 해보는 게 꽤 재밌기 때문이다. 또한, 마시고 싶은 만큼 매일 커피를 마실 수 있다. 겨울이 돼서 카페를 방문하면 '치이익' 하는 시끄러운 소리를 한 번쯤은 들어봤을 것이다. '스팀'이라 불리는 기술로 우유를 뜨겁게 데우고 거품을 만드는 소리다. 라떼나 카푸치노에 들어갈 거품을 이렇게 만드는 것이다. 이런 것도 무료로 배우며 편하게 일할 수 있다. 가끔 유튜브를 보며 라떼 아트에도 도전해봤지만 잘 안돼서 포기했다. 커피 만드는 일 말고도 발주를 하거나 다른 업무들을 배울 기회도 많았다. 커피를 좋아하는 사람이라면 꼭 추천하는 아르바이트다.

힘든 아르바이트로는 '호텔', '식당', '뷔페', '막노동' 등이 있다. 이런 아르바이트는 일이 끝난 후에도 힘들다. 내가 했던 아르바이트 중 가장 힘들었던 아르바이트는 호텔이나 식당, 뷔페 쪽 아르바이트였다. 힘든 정도야 막노동이 가장 힘들었지만, 막노동은 하루 만에 큰돈을 벌 수 있다는 장점이 있었다.

호텔이나 뷔페는 최저 시급에 일의 강도가 꽤 높은 편이었다. 호텔은 기본적으로 일손을 굉장히 많이 필요로 하는 곳이다. 가끔 두 사람이 해야 할 몫을 한 사람이 해야 할 경우도 있었다. 호텔 알바를 하면 보통 서빙 업무를 담당하게 된다. 왼쪽 손에 큰 쟁반을 들고 다니며 빈 접시를 수거하고 반납하고를 반복하는 일이다. 다음 날이면 왼손을 쓸 수 없을 정도로 뻐근하고 아프다. 고생한 것에 비해 들어오는 돈을 보고 있으면 힘이 더 빠진다. 하지만 호텔 아르바이트의 장점으로는 막노동과는 다르게 새벽에 나가지 않아도 되며 하루 전이라도 빠르게 일을 구할 수 있다는 점이 있다. 또 급여도 2~3일 안에 바로 계좌로 입금된다. 막노동은 하기 싫고 급하게 쓸 돈이 필요하다면 '호텔' 아르바이트를 추천한다.

그 밖에 주유소, 전단지, 치킨집, 순댓국집, 건물 청소, 배달 등 다양한 아르바이트를 경험했다. 힘든 알바일수록 나 자신과 싸우며 이겨내야 했다. 더우면 더운 대로, 추우면 추운 대로 참아야 했다. 한여름에 학교 앞에서 학부모들에게 전단지를 나눠주었던 기억, 땀을 비오듯 흘리며 건물을 쓸고 닦고 청소했던 기억, 세차 차량이 나오면 빠르게 물기를 닦으며 땀 흘린 기억이 있다.

결론은 '힘든 알바일수록 얻는 게 많다.'라는 것이다. 선택은 자신의 상황에 맞게 각자가 하면 되는 것이다. 옳은 것도 틀린 것도 없다. 가끔은 나도 편하게 돈만 벌고 싶을 때도 있었다. 그 누가 힘든 아르바이트만 골라서 하고 싶겠는가. 여름엔 시원한 에어컨 아래서 일하고 싶고, 겨울엔 따뜻한 온풍기 옆에서 일하고 싶은 게 사람 마음이다. 하지만 나는 편하고 쉬운 아르바이트만을 골라서 하는 것은 반대다. 아르바이트는 쉬운 것부터 힘든 것까지, 앉아서 하는 것부터 서서 하는 것까지, 실내에서 하는 것부터 실외에서 하는 것까지 다양하고 많은 아르바이트를 경험해봐야 한다. 그래야 아르바이트 하나하나의 가치를 알 수 있다. 분명 그 속에서 다양한 배움이 있을 것이고 이를 통해 소중한 경험을 할 수 있을 것이다.

알바신의 알바 꿀팁

본인의 상황에 맞게 다양한 아르바이트에 도전하자. 장점만 있는 아르바이트는 없다. 급하게 일을 구할 때는 막노동과 호텔 아르바이트를 추천한다. 당장 오늘 저녁에도 내일 할 수 있는 일을 바로 구할 수 있다.

2

집에서 가까운
곳일수록 좋다

거리낌 없이 시간을 낭비하는 사람은 아직 삶의 가치를 발견하지 못한 사람이다.
- 찰스 로버트 다윈

짧은 동선으로 시간을 아끼다

"집 가까운 게 최고야, 진짜…."

집에서 회사까지의 거리가 먼 친구들이 항상 하는 말이다. 친구들은
나를 굉장히 부러워한다. 집에서 지금 다니고 있는 회사까지의 거리가
10분도 채 걸리지 않기 때문이다. 운 좋게 집도 가깝고 원하던 회사에 잘
들어갔다. 감사한 마음으로 즐겁게 다니고 있다. 이전에 잠시 다녔던 회

사는 남부터미널 역에 있었다. 집에서 차를 타면 약 1시간 정도 걸렸다. 그때 당시 왕복 2시간이 넘게 걸리는 출퇴근 시간이 너무 아까웠다. 출퇴근 시간 길은 또 얼마나 많이 막히는지, 장시간 운전하고 집에 오면 온몸이 녹초가 되어 아무것도 할 수 없었다.

이렇듯 직장을 다니든 아르바이트를 하든 출퇴근 시간은 하루를 효율적으로 쓰는 데 매우 중요하다. 나는 아르바이트를 할 때도 최소 20분 이상 걸리는 거리는 지원하지 않았다. 걸어서 30분이 걸리면 자전거를 타서라도 20분으로 줄였다. 가까운 곳에서 아르바이트를 하면 피로감도 훨씬 덜하다. 또한, 먼 거리 대비 많은 시간을 효율적으로 사용할 수 있는 장점이 있다. 경험상 집에서 거리가 멀면 6개월 이상 지속하기 힘들다. 아르바이트를 가는 그 시간이 너무 힘들기 때문이다. 보통 아르바이트를 스펙으로 인정하는 기간이 6개월 정도인 것을 고려한다면 가까운 곳에서 6개월 이상 하는 게 더 낫다.

이렇듯 집에서 가까운 아르바이트를 하면 장점들이 많다. 6개월 이상 근무했던 피자헛은 집에서 5분 정도의 거리에 있었다. 굳이 배달을 안 시키고 피자를 사가도 식지 않을 거리였다. (참고로 피자헛 방문 포장은 40%나 저렴하게 살 수 있다.) 그래서 나는 퇴근 후 자주 피자를 사서 포장해갔다. 집에서 피자헛까지 거리가 가깝다 보니 퇴근하고 10분도 안

알바신의 365 알바신공

되어 집에 도착했다. 그만큼 몸도 덜 피곤하고 개인 시간이 더 많이 확보되었다. 덕분에 취업 준비에 더 집중할 수 있었다. 또 다른 장점으로는 편의점과 같은 몸이 덜 피로한 아르바이트와도 병행이 가능하다는 점이다. 나는 하루에 4개까지 아르바이트를 했었다. 새벽 6시부터 헬스장 알바 2시간, 순댓국집 5시간, 학원 보조 알바 2시간, 편의점 알바 3시간씩 총 12시간을 짧은 동선 안에서 빠르게 움직였다. 물론 이때는 오토바이를 타고 다녔다. 자전거로는 도저히 불가능했기에 친구에게 180만 원을 주고 중고를 샀다. 오토바이를 타면 다음 아르바이트 장소까지 최소 10분 이상은 걸리지 않았다. 이렇듯 나는 아르바이트를 할 때마다 시간 효율을 굉장히 중요시했다.

가끔 이런 적도 있었다. 계절밥상에서 일할 때였다. 시급이 급격하게 오르면서 인원이 감축되는 동시에 알바할 수 있는 시간이 더 짧아졌다. 따라서 매니저들은 하루 방문 손님 수를 예측해 정확하게 알바생을 배치해야 했다. 가끔 매니저의 예측이 빗나갈 때도 있었다. 알바 인원 대비 손님 수가 너무 적을 때는 4시간을 근무하러 왔어도 3시간, 2시간만 하고 가는 경우도 생겼다. 물론 당사자의 의견은 당연히 물어본다. 일방적으로 가라고 하지는 않는다. 나는 집에서 거리가 가까웠기 때문에 가끔 너무 힘들 때면 집에 간다고 말하곤 했다. 한 친구는 집까지 가려면 버스, 지하철을 타야 하는데 3시간도 채 못하고 갈 때도 있었다. 당시 시급이 7,530원 정도였고 여기에 왕복 버스비까지 하면 돈은 돈대로 못 벌고 시간은 시간대로 날리는 것이었다. 그때 당시 그 친구가 너무 안타깝게 느껴졌다.

남는 시간을 확보하다

아르바이트는 최대한 가까운 곳에서 하는 게 좋다. 미래를 준비하는 20대에게 가장 중요한 것은 무엇보다 '시간'이다. 나 역시 20대 초반에는 시간이 소중한 줄 몰랐다. 많은 20대가 미래를 준비할 소중한 시간을 무의미하게 보낼 때가 많다. 나는 20대 중반을 넘기고서야 아르바이트를 통해 시간 관리법을 배웠다. 20대 중반부터 너무 바쁘게 아르바이트를 하다 보니 아르바이트를 제외한 남는 시간이 너무 소중했다. 남는 시간을 어떻게 하면 효율적으로 보낼 수 있을지 끊임없이 고민했다. 신기한 건 '바쁠수록 시간이 많이 확보된다.'라는 것이었다. 정확하게 말하면 주어진 시간이 부족한 만큼 남은 시간을 집중해서 활용할 수 있다는 의미다. 아르바이트를 통해 이런 경험을 여러 번 느꼈다. 몸소 경험을 해보니 이와 같은 원리를 믿게 되었다. 나는 최근에도 '바쁠수록 많은 시간이 확보되는 그런 경험'을 했다.

나는 월요일부터 금요일까지 아침 8시에 출근해서 저녁 7시에 집으로 돌아온다. 하루 할 일을 하고 원고 작성을 하며 눈코 뜰 새 없이 바쁜 하루를 보내고 있다. 이렇듯 바쁠수록 집중할 수 있는 시간을 조금씩이라도 확보하며 보내고 있다. 한번은 회사 일로 토요일 일정이 잡혀 대체 근무를 나갔다. 회사 규정상 주말에 근무하게 되면 평일에는 하루 쉬어야 했다. 나는 금요일에 대체 휴무를 올렸다. 금요일에 해야 할 계획들을 야심차게 세웠다. 그리고 금요일이 되었다. 기존에 없던 많은 시간이 확보되었다는 느낌(?) 때문인지 결과적으로 평소 보냈던 시간보다 더 비효율적으로 보내게 되었다. 이러한 경험을 통해 한 가지 사실을 깨달았다. 개인적인 시간이 무조건 많다고 꼭 좋은 것만은 아니었다.

가끔은 고정된 시간 덕분에 남은 시간의 소중함을 느끼기 때문이었다. 나는 평소 회사 일 때문에 저녁 7시까지는 개인 시간을 보내는 것이 거의 불가능했다. 그래서 퇴근 후 맞이하는 개인 시간이 내겐 너무 소중했다. 3시간도 채 되지 않았지만 그만큼 집중해 밀도 있게 보낼 수 있었다. 하지만 나는 예정에 없던 날 쉬게 되면서 많은 시간이 주어졌다는 착각에 빠진 것이었다. 이는 곧 나를 더 느슨하게 만들었다. 오히려 평소보다 시간을 못 보내게 된 것이었다. 이런 의미에서 '바쁠수록 시간이 더 많이 확보된다.'라는 말은 어느 정도 맞는 말인 것 같다.

여러분도 실제로 한 번쯤은 경험했을 것이다. 특히 주말이나 공휴일때 야심 찬 계획을 세웠지만 실제로 실천해봤던 경험이 얼마나 되는지 생각해보자. 계획대로 실천한 경험이 있는가? 나는 거의 없었던 것 같다. 특히 수험생 때나 중요한 시험을 앞두고 준비할 때는 더욱 그랬다. 설날이나 추석 등 연휴가 찾아올 때면 항상 무료해졌다. 항상 엄청난 계획을 세웠지만, 실제 만족할 만한 실행력은 거의 없었다. 이렇듯, 무조건 시간이 많다고 좋은 건 아니었다.

아르바이트는 집에서 가까운 곳일수록 좋다. 아르바이트 시간을 제외한 남는 시간을 최대한 많이 확보해야 하기 때문이다. 여러분의 시간은 그 무엇과도 바꿀 수 없을 만큼 소중한 자산이다. 출퇴근 시간이라도 최대한 줄여야 한다. 그 시간에 취업준비생이라면 취업 준비를, 수험생이라면 시험공부를 하면 된다. 대한민국의 20대는 해야 할 것도 많고 준비할 것도 너무 많다. 게다가 아르바이트까지 하면서 용돈까지 벌어야 한다. 몸이 열 개라도 부족하다. 하지만 매번 시간이 없다고 투덜대기만 할 수는 없다. 주어진 환경 속에서라도 어떻게 해서든 알짜시간을 확보해야 한다. 시간을 효율적으로 활용할 수 있도록 노력해야 한다는 것이다. 그 첫 번째 비결로 나는 '짧은 동선 관리'에 있다고 말하고 싶다.

알바신의 알바 꿀팁

아르바이트는 가능하면 최대한 집에서 가까운 곳으로 찾아보자. 자전거를 활용할 수 있는 거리까지도 좋다. 자전거가 없다면 사는 걸 추천한다. 요즘 값싼 자전거도 많기에 궁극적으로 대중교통을 이용하는 것보다 더 이익이다.

3

'주휴 수당'으로
월급을 불려라

모든 일에 예방이 최선의 방책이다. 없애야 할 것은 조그마할 때 미리 없애도록 하라.
무슨 일이든 문제가 되기 전에 주의해야 한다. 일이 벌어진 뒤에는 이미 때가 늦다.
- 노자

알아야 보이는 주휴 수당

주휴 수당에 대해 얼마만큼 알고 있는가? 혹 모르는 사람을 위해 간략
히 설명하려 한다. 정의는 다음과 같다. 먼저 주휴제도란 주 15시간 이상
소정 근로일을 근무하는 경우, 하루의 유급휴일을 보장하는 제도다.

이를 금액으로 환산해서 지급하는 수당을 '주휴 수당'이라고 한다. 근
로기준법에는 다음과 같이 명시되어 있다.

〈근로기준법 제 55조 1항〉

사용자는 근로자에게 1주에 평균 1회 이상의 유급휴일을 보장하여야
한다.

〈근로기준법 제 18조 3항〉

1주 동안의 소정근로시간이 15시간 미만인 근로자에 대하여는 제 55조
를 적용하지 아니한다.

쉽게 말해, 일주일 동안 일한 시간이 15시간 이상이면 쉬는 동안 하루
치 일당을 받고 쉬는 것이다. 단, 예외가 있다. 1주일간 주어진 스케줄에
서 아프거나 사정이 생기는 등의 '개인 사정'으로 결근하면 주휴 수당을
받지 못한다. 올해 2019년 기준 최저 시급은 8,350원으로 주휴 수당을
포함하면 약 만 원 정도 되는 금액이다. 하루에 3시간씩 5일만 해도 주
휴 수당을 포함해, 만 원이 조금 넘는 시급을 받을 수 있는 것이다. 보통
아르바이트를 해도 주 15시간은 넘게 하는 것이 일반적이기 때문에 실제
급여는 만 원이 넘는다고 봐도 무방하다.

가끔 근로계약서를 작성하지 않고 일을 시키거나 주휴 수당 자체를 모
르는 사업자가 꽤 있는 것 같다. 현재 근로기준법 자체가 근로자를 보호
하는 방향으로 가고 있다. 따라서 사업자들은 반드시 주휴 수당을 확인

하고 근로기준법대로 근로계약서를 작성하는 게 안전하다. 그렇지 않으면 나중에라도 근로자로부터 신고를 당하게 될 수도 있다. 근로계약서에 아무리 주휴 수당 관련 내용이 없어도 근로자가 원하면 줘야 하기 때문이다. 서로 불편한 관계가 되지 않기 위해 처음부터 이와 같은 내용을 숙지하고 있는 게 무엇보다 중요하다고 말하고 싶다.

나 역시 20여 개의 아르바이트를 경험하면서 대부분 주휴 수당을 받았다. 가끔 그렇지 않은 때도 있긴 있었다. 보통 맥도날드, 피자헛, 계절밥상 등의 대형 프랜차이즈에서는 주휴 수당을 확실히 받을 수 있다. 문제는 자영업자가 운영하는 규모가 작은 곳이나 편의점 같은 곳이다. 물론 챙겨주는 곳도 있지만, 나의 경험상 그렇지 않은 곳이 더 많았다. 내가 일했던 편의점만 해도 조건이 되었는데 주휴 수당을 받지 못했다. 아니, 정확히 말하면 받지 않았다. 일을 시작하기 전 이미 사장님과 최저 시급만 받겠다는 동의를 하고 일을 시작했기 때문이었다. 물론 법적으로는 받을 수도 있었겠지만 일을 그만두고 갑자기 주휴 수당을 요구하는 행동은 차마 할 수 없었다. 그래도 사장님과 6개월 이상 사이좋게 있었던 곳인데 돈 때문에 그럴 수가 없었다. 많은 알바생 역시 나와 같은 경험이 한 번쯤은 있으리라 생각한다. 요점은 일을 시작하기 전 확실하게 주휴 수당을 포함한 금액을 지급하는 곳에서 아르바이트를 하라는 것이다. 하지만 그런 곳이 많지는 않다. 우선 급한 불부터 끄기 위해 최저 시급만 받겠다고 일을 시작한 뒤 그래도 받고 싶다면? 그만두고 신고하면 된다. 고용노동부 홈페이지 주소로 가서 진정서를 넣거나 '돈내나' 어플을 활용하면 된다.

주휴 수당으로 월급을 불려라

대표적으로 편의점 같은 곳은 최저 시급 이상을 받으려는 알바생을 처음부터 뽑지 않는다. 보편적으로 생각했을 때 편의점은 일이 편하고 남는 수익이 없다는 게 주된 이유다. 편의점 알바를 하기 위해 면접을 보러 갈 때도 주휴 수당에 관한 얘기를 꺼내면 터무니없다는 반응이 대부분이었다. 심지어 심한 곳은 일정 기간 최저 시급보다 낮은 '수습 시급'을 준다는 곳도 있었다. 알바생도 물론 이러한 행위를 불법으로 인식은 하고 있을 것이다. 하지만 돈을 벌기 위해선 '수습 시급'이라도 받아가며 울며 겨자 먹기 식으로 일을 시작하게 되는 것이다. 예전에는 수습 시급으로 시작하는 곳들도 많았지만, 요즘은 많이 사라진 것 같다. 나는 주 15시간 이상 일할 생각이라면 편의점 같은 곳보다는 대형 프랜차이즈 점포들을 추천한다. 편의점이나 개인 사업장 같은 경우 주휴 수당을 받기가 쉽지 않기 때문이다. (법적으로는 무조건 받을 수 있지만, 사장과 갈등을 빚을 수 있음) 인터넷 검색만 해 봐도 주휴 수당 때문에 신고해서 서로 껄끄러운 관계가 되는 사례가 무수히 많다. 이런 상황을 겪지 않기 위해 버거킹, 롯데리아, 맥도날드, 계절밥상, 올리브영, 피자헛 등의 대기업 계열사에서 일하기를 추천하는 것이다. 어차피 같은 시간에 같은 노동으로 일을 할 거면 최저 시급을 받고 일하는 것보다 주휴 수당을 받으며 일하는 게 훨씬 낫지 않을까?

아래에 이해하기 쉽도록 '주휴 수당 계산법'을 명시해놓았다. 최저 시급을 받는 것보다 얼마만큼 급여가 차이 나는지 알아보자.

〈주휴 수당 계산법 = 1주 근로 시간÷40×8×계약 시급〉

예를 들어, 1개월 20일 기준, 4주 동안 1일 8시간씩 근무했을 경우, 총 근무 시간은 1주 40시간(1개월, 총 160시간)이 되기 때문에 주휴 수당을 지급해야 한다. 1주당 '40시간(1주 최대 인정 근로 시간)÷40×8×8,350원(계약 시급)'을 계산하면 1주당 받는 주휴 수당은 66,800원이다. 1개월 동안 총 267,200원을 더 받을 수 있는 것이다. 즉, 2019년 기준 최저 시급 8,350원 기준으로 1개월(20일) 근무 시 급여 1,336,000원에다가 주휴 수당 267,200원까지 더 벌 수 있다는 것이다. 주휴 수당을 받고 안 받고는 무려 267,200원이나 차이가 있다.

나는 지금까지 해온 아르바이트 중 편의점을 제외하고는 대부분 주휴 수당을 포함한 금액을 산정해서 받았다. 덧붙여 말하면 편의점도 물론 신고하면 받을 수 있지만 나는 그러지 않았을 뿐이다. 여러분이 정말로 받기를 원한다면 가능하다는 점을 다시 한 번 강조한다. 애당초 아무런 문제없이 확실하게 주휴 수당을 받을 수 있는 곳에서 일하기를 바란다.

안타까운 일이지만 1주 15시간 이상 일을 한다고 해도 모든 아르바이트 사업장에서 주휴 수당을 받기는 어렵다. 저마다의 사정이 있다는 이유다. 만 원씩 주며 사람을 쓸 수 없다는 게 현실이라고 말한다. 여러분이 모든 아르바이트 면접에 가서 처음부터 주휴 수당을 요구한다면 아마 당신을 뽑지 않을 수도 있다. 사업주 입장에서도 만 원이라는 금액이 적지만은 않은 금액이기 때문이다. 사업주 입장에서 최저 임금, 퇴직금, 주휴 수당 등을 다 챙겨주기엔 지금의 경제 상황에서 불합리한 면이 있는 건 사실이다.

이러한 이유 때문일까? 요즘 주휴 수당 폐지에 대한 말들이 많다. 급격한 최저 시급 인상으로 인해 소상공인이나 사업자들이 어려움을 많이 호소하고 있기 때문이다. 심지어 청와대 국민청원 게시판에는 '주휴 수당 제도 폐지를 청원합니다.'라는 글이 올라올 정도다. 이러한 여파로 2020년 최저 시급은 8,590원으로 2019년 8,350원 대비 2.9% 정도밖에 인상되지 않았다. 240원 오른 것이다. 결론적으로 모두에게 가장 좋은 방법은 법적으로 주휴 수당은 반드시 지급하되 정부에서 지원하는 추가 고용 장려금, 일자리 안정 자금 등을 적극적으로 활용하는 것이다.

아르바이트를 하다 보면 불합리한 처우를 받는 경우가 다반사다. 사회 경험이 부족한 대학생이나 사회 초년생들이 대부분이기 때문이다. 사업자, 알바생 모두에게 피해가 가지 않는 방법은 법을 정확히 알고 지키는 방법뿐이다. 모든 일에는 양면적인 입장이 공존한다. 무조건 안 주려는 사업주를 욕할 수도 없고 신고한 알바생을 욕할 수도 없는 것이다. 내 말의 요지는 주휴 수당을 100% 지급하는 곳이 생각보다 많으니 그런 곳에 가서 일을 시작하라는 것이다. 굳이 안 주려는 사장 밑에서 스트레스 받아가며 일할 필요가 없다는 뜻이다. 주휴 수당을 지급하는 곳도 많으니 아르바이트를 하기 전, 잘 알아보길 바란다. 주휴 수당을 받고 안 받고의 금액 차이가 꽤 크다는 것을 명심하자.

알바신의 알바 꿀팁

근로기준법상 근로자인 알바생에게 유리한 게 사실이다. 일한 만큼의 대가를 정당하게 법적으로 받을 수 있기 때문이다. 아르바이트를 하기 전에 최저 시급, 주휴 수당, 퇴직금, 4대 보험 가입이 가능한지 정확히 확인하고 반드시 근로계약서를 작성한 후 시작하라.

4

여름에는 배달 알바,
겨울에는 카페 알바!

경험은 지식의 어머니이다.
- 브레튼

계절별로 하면 괜찮은 아르바이트

추운 겨울에는 배달 알바를, 무더운 여름에는 카페 알바를 한다면 어떨까? 무더운 여름에 카페 알바를 하면 어느 정도는 에어컨을 틀어놓기 때문에 그나마 좀 괜찮다. 반대로, 겨울에 배달 알바를 한다고 상상해보자. 칼바람이 부는 1월쯤이면 가만히 있어도 추울 날씨다. 이때쯤 배달을 하면 체감 온도가 훨씬 더 떨어진다. 나는 추위도 많이 타는 편이었다. 그래서 겨울에 배달한다는 건 곧 추위와의 싸움이었다. 나는 사계절 내

알바신의 365 알바신공

내 돈을 벌어야 했다. 그래서 여름, 겨울 할 것 없이 닥치는 대로 일을 했다. 사계절 내내 일을 하면서 느낀 건 계절별로 하기에 편한 알바가 있다는 것이었다. 계절별로 편한 아르바이트를 몇 가지를 소개해볼까 한다.

나는 여름이나 봄, 가을에 할 수 있는 아르바이트로 배달 알바를 추천한다. 시원한 바람을 맞으며 기분 좋게 일할 수 있다. 특히 배달 알바는 시급이 꽤 높은 편이다. 한 건당 배달료 등을 포함하면 최저 시급보다 훨씬 더 높은 금액을 받을 수 있다. 힘을 쓰는 일도 아니고 남녀노소 누구나 어렵지 않게 할 수 있는 아르바이트다. 요즘은 배달 대행 업체도 많아져 쉽게 구할 수도 있다. 무엇보다도 짧은 시간 동안만 일할 수 있다는 점이 가장 큰 장점이었다. 나는 얼마 전까지 퇴근 후에도 굽네치킨에서 4~5시간씩 배달 알바를 했다. 배달 알바만큼 단기 알바로 괜찮은 건 없다.

일전에 배달 알바를 알아보던 중 '우버이츠'라는 곳에서 면접을 본 적이 있었다. 우연히 구직 사이트에서 발견하게 됐는데 장점들이 많아 소개해볼까 한다. 실제 면접장에 갔을 때 여성들도 여러 명 있었고 중년, 노인 할 것 없이 꽤 많은 사람이 면접을 보고 있었다. 우버이츠 같은 경우 휴대전화만 있으면 걸어서도, 자전거를 타고서도 배달할 수 있었다. 집에서 쉬다가도 일하고 싶으면 나가서 하면 되는 그런 시스템이었다. 이렇듯 손쉽고 자유롭게 일할 수 있는 점이 최대 장점이다. 우버이츠에서 일을 시작하게 되면 'UBER EATS'라는 초록색의 보온보냉 가방까지 무료로 지급된다. 실제 일하는 과정은 해당 지역에 가서 어플을 키고 배달콜이 뜨면 음식을 픽업해서 고객에게 가져다주면 끝이다. 한 건당 금액은 거리별로 상이하나 3,000원~4,000원 사이를 받는다고 보면 된다. 배달 알바 중에서도 오토바이 없이 자유롭게 원하는 시간 동안 일을 하고 싶은가? 지금은 우버이츠가 철수했지만, 배민커넥트나 쿠팡이츠 역시 비슷한 서비스이니 찾아보길 바란다.

사실 카페 알바는 여름이나 겨울 날씨에 크게 영향은 받지 않는다. 경험상 카페 알바는 여름보다 겨울이 좋았던 것 같다. 여름에는 많은 카페에서 계절 메뉴로 팥빙수를 출시하기 때문이다. 내가 일했던 카베베네, 할리스, 커핀그루나루 역시 여름만 되면 다양한 종류의 빙수를 출시했다. 카페베네에서 일할 때였다. 그때는 디저트 카페인 '설빙'이 나오기 전이어서 카페베네 빙수가 굉장히 인기가 많았다. 내가 근무했던 카페베네는 역 근처에 있었고 2층 규모로 꽤 큰 곳이었다. 여름만 되면 대부분의 손님들이 줄을 서서 빙수를 먹을 정도였다. 여름만 되면 커피를 만드는 사람인지 빙수를 만드는 사람인지 헷갈렸다. 빙수를 만드는 그릇을 '빙수볼'이라고 부르는데 그때 당시 수량이 충분하지 않았다. 빙수볼이 2~3개쯤 남을 때면 빙수볼을 수거하러 1, 2층을 뛰어다녀야 했다.

바쁠 때는 손님에게 다가가 "손님, 빙수 다 드신 건가요?"라고 물어봐야 했을 정도였다. 빙수볼을 수거하면 바로 또 쓸 수 있게 열심히 씻어야 했다. 딸려오는 빙수 스푼은 또 얼마나 많은지 모른다. 스푼 역시 일회용이 아니었기 때문에 모두 씻어서 써야 했다. 여름 시즌 카페에서 일할 때는 할 게 너무 많았다. 그에 반해 겨울에는 커피만 제조하면 됐다.

보이지 않았던 혜택들

지금까지 총 세 곳의 카페에서 일할 정도로 카페 알바는 장점이 많다고 생각한다. 나는 시험을 준비하거나 자격증 공부할 때 카페 알바를 많이 활용했다. 물론 일을 열심히 한다는 전제하에 그렇게 했다. 일은 열심히 하지도 않으면서 카페 나와서 공부하면 사장님이 싫어하기 때문이다. 보통 카페 알바를 시작하면 점장님이나 사장님이 기본적으로 커피는 자유롭게 마시라고 해주는 편이다. 내가 했던 곳은 웬만하면 다 그렇게 해주었다. 평소 시험이나 준비할 게 있으면 출근하기 전 2~3시간씩 일찍 나와서 공부를 하고 출근했다. 퇴근 후에도 1~2시간씩 남아서 공부를 했다.

이렇게 할 수 있었던 데에는 몇 가지 팁이 있었다. 그 첫 번째로, 카페에 남아 있는 만큼은 근무 시간이 아니더라도 언제든지 도와주는 자세가 필요하다. 갑작스럽게 카페에 손님이 몰려 일손이 부족한 경우가 가끔 있다. 이럴 땐 만사 제치고 도와줘야 한다. 또한, 손님이 나간 테이블이 지저분할 때 바로바로 치워주면 사장님이 굉장히 좋아한다. 물론 손님이 너무 많을 때는 테이블이 부족하므로 눈치껏 집에 가주는 게 더 좋다. 카페 알바를 활용할 때면 이런 상생의 정신이 기본적으로 필요하다.

나는 카페 알바 덕분에 편입 시험에도 합격하고 자격증도 여러 개 취득할 수 있었다. 이처럼 아르바이트마다 특성이 조금씩 있는데 이를 잘 활용하면 득이 될 수 있는 일들이 너무 많다. 특히 카페 알바는 돈까지 아낄 수 있다. 공부하려 독서실을 끊거나 카페에 가면 많은 돈이 들지만, 카페 알바를 하면 커피도, 장소도 무료 제공이다. 돈도 벌고 돈도 아끼는 방법이다. 이와 비슷한 예시로 헬스장 아르바이트도 들 수 있다. 운동하기 위해 헬스장에 등록하려면 돈이 많이 든다.

이럴 때 헬스장 알바를 지원하면 무료로 헬스를 즐길 수 있다. 이 역시 돈도 벌도 돈도 아낄 수 있는 일석이조의 효과를 누리는 것이다. 나는 이런 식으로 두 번 정도 헬스장 알바를 했다. 헬스장 알바 같은 경우 '트레이너만 지원해야 하는 거 아니야?'라고 생각할지 모르지만 전혀 그렇지 않다. 보통 개인 헬스장은 파트타임식으로 2~3시간씩 짧게 하는 알바생을 구하는 곳이 많다. 보통 새벽 오픈 시간이나 주말에 많이 뽑는다. 주된 업무는 다른 아르바이트에서 하는 것과 비슷하다. 출근하면 바닥을 쓸고 닦은 후 운동복을 세탁기에 돌리고 개면 끝이다. 가끔 시간 날 때마다 운동기구를 닦아주면 된다. 일하는 동안은 평일이든 주말이든 언제든지 나와서 운동할 수 있다. 나는 이런 식으로 아르바이트를 많이 활용했다.

아르바이트의 혜택은 이것뿐만이 아니다. 계절밥상에서 일할 때는 임직원 혜택으로 35%나 할인을 받았다. 가끔 지인들이나 가족과 계절밥상에 가곤 했었다. 지인들을 데리고 가면 점장님이 에이드도 무료로 제공해주었다. 이 얼마나 엄청난 혜택들인가. 이렇듯 다양한 아르바이트를 활용하면 실생활에서 많은 혜택을 누릴 수 있는 팁들이 많다.

카페든 배달이든 본인의 상황에 맞는 아르바이트를 하면 된다. 내 경험상 무작정하는 것보다는 상황에 맞는 아르바이트를 할 때 더 도움이 되었다. 또한, 다양한 아르바이트를 경험해보니 그 속에 수많은 혜택이 존재한다는 것도 알 수 있었다. 아르바이트는 아르바이트 그 이상으로 활용할 때 더 많은 가치가 숨어 있었다. 대한민국의 평범한 20대라면 아르바이트는 누구나 해야 하는 떼려야 뗄 수 없는 관계다. 어차피 하게 될 아르바이트라면 이를 통해 무엇을 할 수 있고 무엇을 얻을 수 있는지 확실하게 알고 시작하는 게 좋지 않을까? 하나의 아르바이트를 해도 자신의 상황에 맞게 최대한 활용할 수 있는 그런 알바생이 되어보자.

알바신의 알바 꿀팁

아르바이트마다 당신이 모르는 숨은 혜택들이 너무 많다. 옷가게에서 일하면 옷을 할인해줄 것이고 영화관에서 일하면 영화를 무료로 볼 수 있다. 아르바이트도 잘 알아야 더 많은 걸 볼 수 있다.

5

일의 강도와 체감 시간은 정비례한다

매일 최선을 다해라. 그러면 당신의 삶은 점차 만족스럽고 충만해질 것이다.
- 호라티오 W.드레서

주방 알바를 경험하다

"아르바이트만 하면 시간이 너무 안 가요….."라는 사람들을 위해 추천 아르바이트가 하나 있다. 바로 '식당 아르바이트'다. 그중에서도 난이도가 가장 높은 건 단연 '무한리필 식당'이다. 꼭 무한리필 식당이 아니어도 식당은 웬만하면 정신없이 다 바쁘다. 대표적으로 내가 했던 식당 알바 중에서는 웨딩 뷔페, 호텔 레스토랑, 계절밥상, 고깃집, 순댓국집, 조개 구이 무한리필 식당 등이 있었다. 이런 부류의 알바는 시계 볼 틈도 없이 바빴다. 정신없이 일하다 보면 어느새 2~3시간씩은 훌쩍 가 있었다. 특히 점심시간인 런치 타임이나 저녁 시간인 디너 타임은 사람들이 몰리는 시간이어서 더 빨리 간다. 식당 일이 몸이 좀 힘들긴 하지만 정신없이 시간 가는 데는 최고의 아르바이트다.

나는 회사에 들어가기 전까지 약 6개월간 순댓국집에서 아르바이트를 했었다. 내가 일했던 곳은 이름만 들어도 알 만한 유명 프랜차이즈였다. 보통 식당에서 일할 때면 주로 서빙 아르바이트를 많이 했다. 이전부터 계속 서빙만 해왔기 때문에 주방에서도 한번 일해보고 싶었다. 서빙하는 것보다 이것저것 해볼 수 있는 주방이 더 재밌을 것 같았다.

가게 오픈은 10시부터 시작했다. 주로 했던 일은 오픈 30분 전까지 나와 가스 밸브를 열고 육수를 끓인 뒤 하루 동안 판매할 순댓국을 준비하는 일이었다. 그 밖에도 쌀 씻기, 밥하기, 파 썰기, 곱창 및 오소리 썰기, 고기 찢기, 발주하기 등 많은 일을 했다. 이러한 경험 덕분에 지금도 쌀 씻기와 칼질을 정말 잘한다. 재료 준비를 다 마치면 일반 순댓국, 돼지 순댓국, 소 순댓국 등에 들어갈 순대들을 계량기에 정확히 맞춰 준비했다. 아르바이트를 하면서도 매번 느끼는 거지만 처음 하는 일은 배우는 재미가 있다. 나는 평소에도 순댓국을 굉장히 좋아했는데 직접 순댓국 제조 과정을 보니 너무 신기했다.(순댓국은 미리 재료를 다 준비해놓은 뒤 육수만 부어서 나간다.)

그렇게 12시까지 정신없이 점심 장사 준비를 끝마친다. 할 일들이 너무 많아 재료를 준비하는 데도 시간이 훌쩍 지나갔다. 눈 깜짝하면 12시였다. 12시부터는 점심시간이므로 손님들이 한꺼번에 몰려온다. 홀에 있는 직원이 주문을 받으면 주방에서는 정신없이 주문 벨이 울려댄다. 이때 주방에서 메뉴 실수라도 한 번 하게 되면 뒤에 있는 메뉴까지 다 밀리기 때문에 정신을 바짝 차려야 했다. 그 피해는 고스란히 서빙하는 사람에게 가기 때문이다. 주방에서는 육수를 넣고 끓인 뒤 파를 넣고 홀 직원에게 주면 끝이다.

이런 과정을 1~2시간 동안 계속하기 때문에 온몸에 땀이 흐르고 정신이 하나도 없다. 손님이 다 빠지고 조용해지면 금방 퇴근할 시간이 된다. 순댓국집에서 일할 때는 시간이 빨리 가서 좋았다. 보통 다른 아르바이트를 할 때면 시간을 계속 확인하면서 '언제 가나…' 하며 퇴근 시간만 기다는데, 순댓국집은 그럴 시간이 없었다. 정신을 차릴 때쯤이면 이미 집에 갈 시간이었다. 이렇듯 시간 가는 데는 식당만 한 아르바이트가 없었다. 식당 아르바이트 중에서도 꼭 한번 주방 알바를 경험해보길 바란다. 파와 양파를 썰면서 눈물도 흘려보고, 쌀도 씻고 돼지머리도 썰어볼 수 있다.

일의 강도와 시간은 정비례

계절밥상에서 일할 때였다. 계절밥상에서 일할 때도 주로 '빽'이라 불리는 곳에서 일했다. 보통 계절밥상에서 일하게 되면 여러 개의 포지션으로 배치를 받게 된다. 코디, 서버, 캐셔, 안내, 딜리버리, 밥돌이, 빽으로 총 7가지 정도 된다. 하나씩 간략하게 설명을 하자면, 먼저 '코디'는 음식을 채우고 주변 청결 관리를 담당하는 포지션이다. '서버'는 고객들과 가장 접촉이 많은 포지션이다. 주로 접시를 치우며 테이블을 정리하고 세팅하는 역할을 한다. '캐셔'는 결제를 맡는 포지션이다. 동시에 고객들의 반응도 체크하는 역할도 한다. '안내'와 '딜리버리'는 대기 손님을 입장시키고 자리까지 안내하는 역할을 한다. '밥돌이'는 매장마다 조금씩 다르다. 내가 했던 올림픽공원점은 테이블당 돌솥밥이 무료로 제공되는 곳이었다. 말 그대로 밥돌이는 돌솥밥을 나르는 포지션이었다. 마지막으로 '빽' 포지션이다. 잔반을 처리하고 접시들을 세척 전까지 종류별로 분류하는 일이다. 또한, 여러 종류의 컵과 식기를 일차적으로 분류한다. 이후 깨끗이 세척된 컵과 식기를 최종적으로 닦는 역할까지 했다.

내가 근무했던 올림픽공원점은 계절밥상 중에서도 매출로 1등 하는 곳이었다. 예약도 많았고 하루 방문객도 아주 많았다. 그만큼 고객들이 남긴 잔반 접시가 끝도 없이 나왔다. 빽은 쏟아지는 잔반 접시들을 빠르게 처리하는 것이 가장 중요했다. 홀에서는 서버 대여섯 명이 큰 트레이에

접시 탑을 쌓아서 빽에다 가져다준다. 혼자서 그 모든 접시를 빠르게 치워야 했다. 접시가 계속 쌓여 더 이상 놓을 곳이 없으면 매니저에게 욕먹고 서버로 교체된다. 나 역시 초반에 몇 번 교체됐다. 초반에는 손에 익지 않아 바닥까지 접시가 쌓였다. 말 그대로 아수라장이었다. 이후 경험 많은 고참(?)이 하는 것을 몇 번이고 지켜봤다. 손이 안 보일 정도로 빨랐다. 고참들은 저마다의 노하우를 갖고 있었다. 나 역시 이런 노하우를 배우며 하나하나 터득했다. 어느 순간 나 역시 노하우가 생기면서 속도도 빨라졌다. 나중엔 서버가 여섯 명이든, 일곱 명이든 밀리지 않았다. 속도가 빨라지고 밀릴 일이 없어지니 교체당할 일도 없고 일도 즐거웠다. 어느 순간부터 매니저도 나를 계속 빽으로 넣었다. 그만둘 때쯤 나는 빽신으로 불리며 계절밥상을 나왔다.

계절밥상은 대부분 신입이 많았다. 한번 해보고 나가는 사람들이 많았기 때문이다. 그만큼 일의 강도가 높았다. 나 역시 하루 일하고 '그만둘까? 와, 이거 너무 힘든데?'라며 많은 고민을 했었다. 일하는 동안 잠시도 쉴 틈이 없었다. 식당에서의 일의 강도와 시간은 웬만하면 비례한다. 힘든 만큼 시간은 빨리 갔다. 그 밖에 장점들도 많았다. 짧은 시간을 일해도 높은 시급을 받을 수 있었다. 또한, 규모가 크고 일하는 사람들도 많다 보니 다양한 사람들을 만나볼 기회도 많았다. 특히 휴식 식사로 계절밥상 음식들도 먹을 수 있었다. 고기 종류의 메인 메뉴를 빼고는 대부분 먹을 수 있었다. 그 밖에 직원 혜택도 35%나 받을 수 있었다. 힘든 알바를 원한다면 꼭 한번 계절밥상에 도전해보길 바란다.

식당 알바는 아르바이트 중에서도 일의 강도가 꽤 높은 편에 속했다. 그만큼 몸이 힘들고 피곤할 수도 있겠지만 정신없이 시간 가는 데는 최고의 아르바이트다. 혹 여러분이 편한 알바를 염두에 두고 있다면 일단 식당 알바는 배제해야 할 것이다. 하지만 바쁜 걸 즐기고 많은 경험을 하고 싶다면 반드시 식당 알바를 해보길 바란다. 식당 안에서는 정말 다양한 일이 일어나기 때문이다. 그 속에서 분명 다양한 모습의 나를 만나볼 기회가 있을 것이다. 이렇듯 힘들거나 극한의 상황일 때 비로소 자신에 대해 제대로 알 수 있다. 한 번쯤은 내가 어떤 사람인지 식당 알바를 통해 알아보는 시간을 갖는 것도 좋을 것 같다.

알바신의 알바 꿀팁

식당 알바는 한 번에 다양한 경험을 할 수 있다. 고객 응대 역량을 키울

수 있는 서빙 업무와 장사 준비를 배울 수 있는 주방 업무가 있다. 발주

나 매출 관리 등의 업무들을 경험해볼 수도 있다.

6

영업을 하려면 고객과 대면하는 알바를 활용하라

고객이 자신의 인생 전부를 맡기고 싶을 만큼 커다란 신뢰를 주어라.
- 브라이언 트레이시

영업을 결심하다

나는 현재 H 제약회사에서 영업사원으로 근무 중이다. 대학교를 졸업

할 때까지만 해도 내가 영업사원이 될 거라곤 생각도 못 했다. 나는 바이

오산업공학과를 전공했다. 학과 동기들은 제약회사의 QC(품질관리)나

QA(품질보증), 대기업 식품회사나 화장품 회사 등으로 취업했다. 제약회

사 영업사원으로 취직했다는 동기나 선, 후배는 거의 없었다. 가끔 선후

배나 동기 중 석 · 박사 과정까지 거쳐 대기업이나 국가기관 연구원으로

취업했다는 소리는 들었다. 나는 졸업하는 그날까지 영업에 관한 생각이 없었다. 제약 영업이라는 직무가 무슨 일을 하는지도 몰랐다. 그저 동기들이나 선후배들이 대기업이나 제약회사의 품질 관리 쪽으로 많이 갔기에 나 역시 그렇게 가야겠다고 생각하고 있었다.

어느 날이었다. 친구와 함께 채용설명회를 들으러 갔다. 소책자에 여러 직군이 소개되어 있었다. 나는 그때까지도 QC를 생각하고 있었다. 그때, 친구가 갑자기 "너 영업해봐. 아르바이트도 많이 했고 사람들도 많이 만나 봤잖아. 영업하면 잘할 것 같은데?"라고 말했다. 그리고 나는 한참 생각했다. '그치, 내가 쭉 고객 만나는 일을 하긴 했지….' 생각해보니 QC는 영업과는 다르게 정적인 직무였고 나의 성향과는 맞지도 않을 것 같았다. 친구가 말한 대로 마치 영업을 하기 위해 태어난 사람 같았다. 나는 아르바이트를 할 때도 평범한 알바생과는 조금 달랐기 때문이다. 고객들이나 손님들과도 잘 통하는 게 있었고 그 덕에 다양한 곳에서 '이달의 우수 직원'에 뽑힌 경험도 많았다. 내가 고객들에게 친절한 이미지로 인식된다는 것을 조금은 깨닫게 된 것이다. 10년 동안 수많은 고객과 만나며 그만큼의 경험치가 쌓여 있었다. 고민을 거듭한 끝에 영업에 대한 확신이 생겼고 그때부터 나는 영업에 대해 알아보기 시작했다.

내가 알아본 영업직무에 대한 인식은 극명하게 갈려 있었다. 누구는

'절대 영업하지 마세요.'라며 부정적인 말을 했고, 누구는 '제약 영업은 숨어 있는 보물섬'이라며 기회를 잡으라고 했다. 나의 결론은 물론 후자였다. 그리고 나는 영업을 하기로 했다. 영업은 모든 직무의 근간이며 가장 기초라고 생각했기 때문이다. 이렇듯 영업은 다양한 것을 배울 기회가 있는 만큼 꼭 경험해봐야겠다고 생각했다. 그리고 영업이라는 직무는 무엇보다 성과 지향적인 측면이 강했다. 목표를 세우고 달성한 성과에 따라 지급되는 '인센티브'라는 제도가 가장 매력적으로 다가왔다. 이런 모든 것이 나의 성향과 정확하게 맞아떨어졌다.

우리는 죽는 그 순간까지 사람들과 만나고 살아간다. 사실 영업뿐만 아니라 모든 직무가 사람들과 만나는 일이라고 생각한다. 내가 말하는 영업은 외부 영업뿐만 아니라 내부 영업을 포함한다. 사무직일 경우 역시, 회사 안에서 상사나 선후배들에게 잘 보이기 위해 내부 영업을 해야 한다. 또한, 특정 프로젝트를 진행하기 위해서는 끊임없이 유관 부서와도 소통해야 한다. 사람을 만나지 않는 직무가 있을까 싶다. 이러한 모든 일에 대처할 가장 좋은 방법이 '아르바이트를 활용하는 것'이라 생각한다. 고객을 상대하는 외부 영업이든 직장 동료를 상대하는 내부영업이든 우리는 끊임없이 영업해야 하는 존재이기 때문이다. 아르바이트는 '작은 사회'를 경험할 수 있는 가장 좋은 곳이다. 거기서 일어나는 일들과 관계들의 연장선이 바로 '회사 생활'인 것이다. 아르바이트 경험이 있는 사람과 없는 사람은 회사에서의 적응력 측면에서도 분명 차이가 클 것이다.

알바는 작은 회사를 경험하는 곳

여러분이 진정 '작은 사회'를 경험하고 싶다면 알바 중에서도 '개인이 운영하는 가게'를 추천한다. 내가 했던 아르바이트 중에서는 고깃집 알바, 순댓국집 알바, 헬스장 알바, 조개구이 무한리필 알바, 카페 알바 등이 대표적이다. 이 아르바이트의 공통점은 사장이 매니저들을 두고 가게를 운영하는 형태였다. 가게 안에서도 작은 조직도를 그리고 있다. 가장 위에는 사장, 그 밑에 매니저 1~2명, 또 그 밑에 알바생 여러 명이 있다. 보통 개인 사업장의 사장들은 가끔 나와서 하루 매출을 확인하고 가게 관리를 잠깐 하고 갔다. 회사로 치면 사장은 말 그대로 사장이고 매니저들은 임원, 알바생은 사원인 것이다. 따라서 사원들이 임원들에게 잘 보이듯 알바생은 매니저들과의 관계를 잘 형성해야 한다. 상사에게 찍히면 회사 생활이 힘들어지듯 매니저들에게 밉보여서 좋을 게 하나 없다.

이런 분위기 속에서 자연스럽게 이런 관계도에 익숙해져 있었다. 손윗사람들이 좋아할 만한 행동들을 터득하게 된 것이었다. 만나면 깍듯이 인사하기, 경청하기, 적극적으로 행동하기 등이 몸에 배어 있었다. 그만큼 상사들이나 선배들도 이러한 후배들을 더 챙겨주려고 하는 편이었다. 사람은 누구나 다 똑같지 않을까? 무뚝뚝한 후배들보다 먼저 다가오고 활발한 후배를 더 챙기고 싶은 것은 당연한 일이다. 나는 이 모든 걸 아르바이트를 통해 배웠다.

나는 아르바이트 경험이 영업하는 데 많은 도움이 되었다. 영업이란 직무 자체가 보험, 자동차, 제약마다 조금씩 특성이 다르지만 처음 보는 사람에게 다가가 원하는 결과를 얻어내는 일에 있어서 모두 같다고 생각한다. 처음 보는 사람과 대면한다는 것이 쉬운 일만은 아니다. 처음 본 고객들이 내 맘대로 따라와주는 것도 아니며 때로는 차갑게 거절도 하고 아예 연락을 끊는 일도 있다. 나 역시 영업사원이지만 이러한 고객 입장을 충분히 공감하고 있다. 나 역시 영업사원이 아닐 때는 항상 누군가의 고객이기 때문이다.

한번은 취준생일 때 동창이었던 친구에게 연락이 왔다. 그 친구에 대해서는 이전부터 익히 들었다. 보험 영업을 하는 친구였고 이미 많은 친구에게 연락을 취해서 친구들 사이에서도 얘기가 돌았다. 이 친구는 중학교 때부터 많은 친구와 좋은 관계를 형성했다. 친구들 사이에서도 인맥왕으로 불릴 정도로 넉살이 좋은 친구였다. 나와의 관계 역시 깊지도 얕지도 않은 선에서 가끔 연락하는 친구였다. 사실 별로 안 친했다. 한동안 연락 없이 지내다가 몇 년 만에 연락이 온 것이었다. 나에게 한번 보자고 했다. 그때 당시 친구 한 명이 그 친구에게 낮은 금액의 보험을 들어줬다는 소식을 이미 들은 후였다. 나는 그 당시 보험에 가입할 생각도 없었고 만나봤자 서로 시간만 낭비할 것은 느낌이 들었다. 나는 계속해서 약속을 피했고 그 친구는 주기적으로 연락을 보내왔다. 어느 순간 지속적인 연락이 불편해졌고 그 친구를 차단하게 되었다. 그 친구에게 나는 꼭 잡아야만 하는 고객이었던 것이다. 나를 상대하는 그 친구도 영업하느라 많이 힘들었을 것 같다. 이렇듯 아는 사람에게 접근하는 것도 힘든데 처음 보는 사람은 오죽할까. 이런 나의 모습을 보면서 깨달았다. '고객의 마음을 얻는 게 쉽지만은 않겠구나. 목적이나 상황이 맞지 않으면 더 힘들 수도 있겠구나.' 하고 말이다.

물론 내가 현재 하는 일도 고객들과 만나기가 쉽지 않다. 고객을 만나기 위해 열 번 정도를 병원에 돌아다니면 두세 번 정도 만나볼 수 있을 정도다. 저마다의 상황이 있기에 이해는 간다. 병원이 바쁠 수도 있고, 이전 담당자와의 관계가 좋지 않았을 수도 있고, 이유 없이 회사가 싫은 일도 있을 수 있다. 심지어 고객을 만나러 들어갔는데 '이럴 거면 나를 왜 만난 거지?'라고 생각할 정도로 표정이 안 좋은 고객도 있다. 그럴 때면 항상 고객 입장에서 생각해본다. '맞아, 고객의 반응은 당연한 거야.', '나는 끝까지 최선을 다하면 돼. 그다음 선택은 고객이 하는 것이니까.'라고 마음을 추스른다. 그러면 마음도 한결 편해진다.

영업을 하려면 고객과 대면하는 아르바이트를 많이 활용할수록 좋다. 카드 영업 알바를 해도 좋고 레스토랑, 백화점, 영화관 등의 아르바이트도 좋다. 사람들을 만나는 아르바이트라면 다 도움이 된다. 나는 영업 역시 아르바이트의 연장선이라 생각한다. 최대한 다양한 아르바이트로 많은 사람을 만나봐야 한다. 그 속에서 일어나는 수많은 일과 이를 해결하는 과정에서 필요한 역량들을 습득하게 될 것이다. 지금 여러분이 만나는 사람이 미래에도 비슷하게 만날 사람이라는 걸 명심하자. 아르바이트하면서 만났던 사장, 점장, 매니저, 동료들, 심지어 고객까지 비슷한 사람들이 몇 년 후 같은 모습으로 여러분 앞에 펼쳐질 것이다. 이들과의 관계를 잘 준비하기 위해선 다양한 사람을 만나볼 수 있는 아르바이트를 최대한 많이 경험해보는 것이 중요하다.

알바신의 알바 꿀팁

영업을 생각하고 있다면 최대한 많은 사람을 만나는 아르바이트에 도전하라. 카드 영업, 백화점 판매직, 호텔 알바, 식당 서빙, 카페 전문점, 설문지 조사, 전단지 알바까지 뭐든 좋다. 영업에 필요한 역량을 자연스럽게 습득할 수 있다.

7

급전이 필요할 땐
단기 알바가 답이다

길이 없으면 길을 찾아라. 찾아도 없으면 길을 닦아 나가야 한다.

- 정주영

용돈을 스스로 벌다

나는 스무 살이 되면서 집에다 선언했다. "앞으로 모든 용돈은 내가 벌어서 쓸 거니까 용돈 안 줘도 돼!" 나는 며칠 안 가서 그 말을 후회하게되었다. 나는 대학생이 되자마자 예상치 못한 고정비용이 생겼다. 수능을 망쳐 지방으로 학교에 가야 했기 때문이다. 서울에서 2시간 거리에 있는 충청북도 제천까지 가야 했다. 버스를 타면 왕복 4시간 거리였다. 매일 4시간씩 통학할 자신이 없어서 기숙사를 신청했다.

가끔 서울 사는 동기 중 통학하는 친구들이 있었는데 정말 대단하다는 생각마저 들었다. 약속한 대로 스스로 용돈을 벌기 위해 주말마다 서울로 올라갔다. 그 당시 편도 비용이 약 만 원 정도 했다. 한 달에 고정비용으로만 8만 원씩 꼬박꼬박 들어갔다. 나는 금요일 저녁만 되면 서울로 올라갔다. 그렇게 주말 동안 토요일, 일요일 각각 8시간씩 맥도날드에서 일했다. 일이 끝나고 일요일 저녁이 되면 막차를 타고 다시 학교로 돌아왔다. 그때 당시 시급이 4천 원이었다. 주휴 수당을 포함하면 약 40만 원 정도가 월급으로 들어왔다. 이 중 8만 원은 고정비용이었고 휴대 전화비, 대중 교통비를 빼면 25만 원에서 30만 원 정도를 한 달 용돈으로 쓸 수 있었다. 금액만 보면 '한 달 용돈으로 충분한 거 아니야?'라고 말할 수도 있겠다. 하지만 저 비용 안에 교재비, 밥값 등이 모두 포함되어 있었다. 아껴 써야 한 달 동안 생활이 가능했다. 하지만 막 스무 살이 된 나에게 돈을 아껴 쓴다는 것 자체가 어려웠다. 그런데도 아끼고 아껴가며 1학년을 보냈다.

문제는 '구멍 뚫린 항아리'처럼 계속해서 돈이 새나가는 것이었다. 주말에 하는 맥도날드 알바로는 부족했다. 그래서 찾은 것이 '단기 알바'였다. 그때 당시 친구 한 명이 매주 호텔이나 예식장에서 하는 알바를 했었다. 그 친구 덕분에 호텔 알바를 처음으로 알게 됐다. 가끔 금요일에 휴강하는 날이 있었다. 그럴 때면 목요일 저녁에 올라가서 금요일 아침부터 호텔 알바를 했다. 대부분 아르바이트가 월급으로 들어오는 반면 호텔 알바는 1주일 안에 급여가 입금되었다. 돈이 급한 나에겐 더없이 좋은 조건이었다. 그리고 호텔 아르바이트는 구하기도 쉬웠다. 에이치앤아이피, 에이플러스 등의 대표 호텔 구인 사이트에 들어가면 당장 하루 뒤에 있는 아르바이트도 할 수 있었다. 이렇게 나는 돈이 부족할 때마다 단기 알바를 활용했다.

단기 알바는 주변에서도 쉽게 구할 수 있다. 알바몬이나 알바천국 같은 구인·구직사이트에 단기 알바를 검색하면 다양한 아르바이트를 볼 수 있다. 그중 검색 순위가 가장 높은 건 단연 택배 분류 아르바이트와 물류창고 상하차 아르바이트다. 극한 알바로 악명이 높은 만큼 지원하는 사람이 없어 구하는 곳도 많기 때문이다. 택배 분류 아르바이트는 일하는 중에 도망가는 사람도 많다고 들었다. 그 정도로 힘들다고 한다. 그리고 대부분 지역을 이동해서 일하는 경우가 많고 야간에 하는 곳이 많기에 더 힘들다고 한다. 이런 이유에서 나는 택배 분류 아르바이트는 하지 않았다. 택배 분류 아르바이트 경험은 없었지만, 물류창고 상하차 아르바이트 경험은 많았다.

친구 아버지가 컨테이너를 받는 상하차 일을 하셨기 때문이다. 가끔 일손이 부족할 때면 친구로부터 연락을 왔다. 일 안 하고 노는 몇몇 친구

끼리 모여 물류창고 현장으로 출근했다. 그때 당시 취준생이어서 시간 날 때마다 일하러 갔다. 상하차 일을 처음 하는 날이었다. 고속도로에서 나 볼 법한 큰 대형트럭이 도착했다. 큰 컨테이너 안에 물건이 가득 실려 있었다. '언제 저걸 다 할 수 있을까….' 하는 걱정부터 들었다. 가끔 가벼운 베개 같은 물건이 들어오면 그날은 운이 좋은 것이었다. 상하차 물건의 무게마다 그날의 강도가 달라지기 때문이었다.

순간 컨테이너 문이 열렸다. 얼핏 보기에도 부피가 꽤 커 보였다. 다름 아닌 이불이었다. '망했다….'라는 소리가 저절로 나왔다. 그날 해야 할 일은 하얀 봉투에 쌓여 있는 수많은 이불을 창고 구석으로 옮기는 작업이었다. 트럭 기사님과 친구, 그리고 나까지 세 명이 함께 전달하며 구석부터 쌓았다. 무거운 물건을 옮기는 일은 한쪽 근육만 쓰기 때문에 그쪽만 집중적으로 아프다. 특히 허리 통증이 엄청 심했다. 두꺼운 이불을 들어 옮기는 과정에서 왼쪽 허리 아래쪽에 힘이 많이 들어갔다. 곧 허리가 끊어질 것 같은 고통이 오면서 뻐근해졌다. 한동안 고통이 지속되다가 갑자기 고통이 사라지는 신비한 경험을 했다. 고통이 고통을 덮은 것이다. 고통도 쌓이면 아픈 것도 못 느낀다. 마치 고통도 적응하는 것 같았다.

이렇게 무리하여 힘을 쓰는 일을 하면 다음 날에도 영향을 미친다. 정확하게 말하면 다음 날부터 본격적인 고통이 시작되는 것이다. 온몸에 알이 배기고 너무 아파서 온종일 누워만 있게 된다. 하루 벌자고 이틀, 삼 일을 고생하는 꼴이었다. 나는 몇 번을 더 하고 몸이 상할 것 같아서 그만두었다. 상하차 아르바이트 역시 좋은 점으로는 일주일 안에 일급이 들어오는 것이었다. 이처럼 상하차 아르바이트는 급전이 필요할 때 한 번쯤은 단기 알바로 도전해볼 만하다.

급전엔 단기 알바가 정답이다

내가 생각하는 '단기 알바'의 꽃은 단연 '막노동'이었다. 지금부터 '막노동'의 시작부터 끝까지 모든 정보를 공개하겠다. 우선 나의 경험상 막노동은 봄이나 가을 같은 선선한 날에 하기를 추천한다. 나는 한여름 뙤약볕 아래서 도로에 벽돌을 끼우는 일도 해봤고, 한겨울에 얼어붙은 쇠파이프를 나르는 일도 해봤다. 몸이 힘든 것보다 날씨 때문에 더 힘들고 괴로웠다. 이렇듯 막노동은 날씨가 절반은 차지한다고 해도 과언이 아니었다. 막노동을 하기 위해선 반드시 챙겨야 하는 두 가지가 있다. 먼저 '건설기초안전교육 이수증'이다.

근로자의 안전을 위해 시행된 정책으로 이수증이 없이는 건설 현장에 갈 수 없다. 비용은 약 50,000원 정도로 4시간 동안 교육이 이루어진다. 단, 취약 계층의 일용근로자는 증빙 서류만 있으면 무료로 교육을 받을 수도 있다고 하니 참고하길 바란다. 두 번째로는 '안전화'다. 안전화는 개인적으로 반드시 챙겨가야 한다. 가끔 인력사무소에서 빌려주기도 하지만 본인이 챙겨가는 게 좋다. 이렇게 준비가 모두 끝나면 인력사무소로 간다. 새벽 5시에는 도착해야 일을 받을 수 있다. 이름이 호명되면 다섯 명 정도씩 팀을 이루어 현장으로 간다. 아침밥을 먹고 7시가 되면 배정받은 곳에서 일을 시작한다.

일당에 따라 다르지만 대부분 자재를 청소하는 일이나 무거운 벽돌, 쇠파이프 등을 나르는 일이다. 중간에 참으로 빵과 우유를 챙겨주기도 한다. 그리고 12시가 되면 점심을 먹으러 간다. 점심을 먹으면 재빠르게 쉴 곳을 찾아야 한다. 여름엔 그늘에 자리가 없을 정도의 진풍경이 벌어지기도 한다. 오후 1시가 되면 하나둘씩 본인의 포지션으로 되돌아간다. 그렇게 오후 업무가 시작된다. 그리고 5시쯤이 되면 퇴근하기 위해 한 곳으로 모여든다. 다시 봉고차에 몸을 싣고 인력사무소로 돌아간다. 소장에게 본인의 이수증을 내면 하루 일당을 받는다. 이때 10%의 수수료는 제외하고 받게 된다. 보통 요즘은 수수료를 제외하고 10만 원 이상은 받는다고 한다. 돈이 정말로 급할 때나 당장 큰돈을 쓸 일이 있다면 '단기 알바'로 막노동을 강력 추천한다. 하지만 명심해야 할 게 있다. 시급과 일의 난이도는 웬만하면 비례한다는 사실이다.

나는 당장 하고 싶은 게 있어도 돈이 없어 참아야 할 때가 많았다. 심지어 당장 쓸 돈이 없어서 모임에 못 나갔던 경우도 한두 번이 아니었다. 이럴 때마다 나는 '단기 알바'를 많이 활용했다. 당장 벌 마음만 있다면 주변에 돈 벌 방법은 널려 있다. 오늘 저녁 갑자기 돈을 벌고 싶은 생각이 들면 오늘 밤에도 돈을 벌 수도 있고 내일 당장 돈을 벌 수도 있다. 집에서 할 일 없이 누워만 있으면서 돈 없다고 하는 건 변명일 뿐이다. 더는 돈이 없다고만 하지 말고 지금 당장 '단기 알바'를 알아보길 바란다. 생각보다 많은 단기 알바가 있다는 사실에 놀랄 것이다.

알바신의 알바 꿀팁

구인·구직사이트에 들어가보면 '단기 알바' 창이 따로 있을 것이다. 단기 알바는 대부분 일당으로 지급되기 때문에 급하게 돈이 필요할 때 활용하면 좋다. 대표적인 단기 알바로, 상하차 알바, 무대 설치, 모델하우스, 에어컨 청소, 보조 출연, 전단지, 출장 뷔페 등이 있다.

8

7일에 6개, 아르바이트하며 취업에 성공하는 법

나는 고민하는 일이 없다. 너무 분주해서 고민할 사이가 없기 때문이다.
- 윈스턴 처칠

간절함은 통한다

〈평일〉

6:00 ~ 8:00 (2시간) : 헬스장 오픈 및 청소

9:30 ~ 14:30 (5시간) : 순댓국집 오픈 및 재료 준비

16:00 ~ 18:00 (2시간) : 학원 자료 제작 및 복사 업무

19:00 ~ 22:00 (3시간) : CU 편의점 점포 관리

알바신의 365 알바신공

〈주말〉

8:00 ~ 16:00 (8시간) : GS 편의점 점포 관리

19:00 ~ 23:00 (4시간) : 맥도날드 배달

아르바이트를 가장 많이 했을 때의 '일주일 스케줄'이다. 이렇게까지 해야만 했던 사연을 낱낱이 공개할까 한다. 말하기에 앞서 내가 일주일에 6개씩 아르바이트를 하며 취업에 성공했던 비결은 오직 '절박함'과 '간절함'뿐이었다는 걸 말하고 싶다. 나는 이러한 경험을 통해 세상에 '절박함'과 '간절함'으로 안 되는 건 없다고 생각하게 되었다.

나는 대학을 졸업하고 목표로 하던 기업에 떨어지자마자 중소기업에 취직했다. 엄마는 아들의 합격 소식에 무척 기뻐했다. "너무 축하해 우리 아들! 지금까지 너무 고생했어."라며 축하해주었다. 하지만 기쁨은 오래가지 않았다. 목표했던 회사가 아니었기 때문일까, 간절함이 없어서였을까, 3개월을 채 다니지 못하고 그만두었다. 나는 일을 하는 내내 목표했던 기업밖에 생각나지 않았다. 떨어진 게 너무 아쉬워 꼭 한 번 다시 도전해보고 싶었다. 하지만 문제가 있었다. 바로 생활비로 드리던 돈이었다. 나는 회사 다니던 3개월 동안 엄마에게 100만 원씩 생활비를 드렸는데, 회사를 그만두면 더 이상 돈을 드릴 수 없었다. 하지만 엄마에게 내 생각을 사실대로 다 얘기했다. 예상했던 반응대로 실망감을 감추지 못하

셨다. "요즘 취업하기도 힘든데 회사를 왜 그만두려고 그래…?"라고 말하며 퇴사를 말렸다. 하지만 나는 한 번 결심하면 해야만 했다. 그렇게 나는 첫 번째 회사를 나왔다.

나는 퇴사하고 바로 취업 준비에 들어갔다. 오직 목표했던 기업만 들어가겠다는 일념 하나만으로 120만 원씩 하는 스피치 학원도 다녔다. 면접에 대비하기 위해서였다. 하지만 세상은 내가 원하는 대로만 흘러가지 않았다. 나는 그 이후로도 두 번이나 더 떨어졌다. 그렇게 1년을 보내고 나니 집에서도 걱정하기 시작했다. '그냥 아무 회사나 들어가면 안 되니? 놀면 뭐 하니…?'등의 환청이 들렸다. 실제로 실직 기간이 길어지니 엄마는 "그러니까 잘 다니고 있는 직장은 왜 그만둬서 그래?"라고 말했다. 나는 현실의 저항에 부딪혔고 다시 한 번 나의 뜻을 굽히게 되었다.

"에잇, 꿈이 밥 먹여주나, 돈이나 벌어야지."

그렇게 나는 또 한 번의 목표를 포기하고 두 번째 회사에 들어갔다. 이번엔 이전보다 규모가 큰 중견 회사였다. 엄마는 이전보다 더 기뻐했다. 규모가 큰 회사라는 이유보다는 더 이상 놀지 않는 아들을 볼 수 있어서 그랬던 것 같다. 이번엔 축하한다는 말보다 "이제는 그만두지 말고 열심히 다녀, 아들."이라는 말을 했다. 이런 말을 하는 엄마의 심정을 이해했다. 나는 모든 현실을 인정하고 이번에는 정말 열심히 하겠다고 결심했다. 그렇게 6개월 정도를 정말 열심히 다녔다. 6개월부터 슬슬 또 욕구

알바신의 365 알바신공

들이 올라왔다. 가슴 속에서 정말 간절하게 '딱 한 번만 더 도전하자!'라는 외침이 들려왔다. 하지만 이번만큼은 쉽게 결정할 수 없었다. 더 이상은 집에도 말할 수 없었기 때문이었다. 이번에도 문제는 돈이었다. 집에 가져다드린 돈만 한 달에 100만 원씩, 600만 원이 넘어갔다. 나는 나름대로 가장의 역할을 해내고 있던 것이었다. 이제는 그만둔다고 말할 수도 없었다. 그만두려면 모든 걸 비밀로 해서 앞으로도 계속 100만 원씩 드려야 했다. 돈이 끊기면 엄마에게 회사를 그만두었다는 사실이 들통날게 뻔했다. 나는 냉정하게 생각했다. 하지만 지금보다 더 늦으면 도전할 수도 없는 나이였다. 나는 나머지 인생을 내가 원하고 목표하던 곳에서 좀 더 멋지게 살고 싶었다. 그렇게 나는 고심 끝에 또 한 번의 퇴사를 했다.

안 되면 될 때까지

이번 퇴사는 이전에 했던 것과는 완전히 달랐다. 무계획으로 나온 것도 아니었으며 집에는 모든 걸 비밀로 했다. 비밀로 하는 데 나에게는 두 가지 문제가 있었다.

첫 번째, 앞으로도 매달 100만 원씩 드려야 한다는 것
두 번째, 회사를 그만둔 사실이 들키지 않아야 한다는 것

이 두 가지를 반드시 지켜야 했다. 회사에 다닐 당시 엄마에게 100만 원을 매달 드리는 건 그다지 내게 어려운 일이 아니었다. 하지만 그 후가 문제였다. 어디에서도 그 돈을 벌 수 없었기 때문이다. 그래서 내린 결론은 지출을 줄이는 것이었다. 결국, 내가 돈을 안 쓰면 되는 것이었다. 극도의 빈곤한 생활이 시작되었다. 하루에 취업 준비를 할 수 있는 최소한의 시간만 빼고 모든 스케줄을 아르바이트를 하는 데 보냈다. 목표는 오직 하나였기에 이러한 생활이 가능했다. 처음에는 평일 오전 아르바이트와 주말 알바를 주로 했다. 130만 원 정도 월급을 받았다. 100만 원을 집에 주고 30만 원으로 궁핍한 생활을 보냈다. 휴대전화 요금, 교통비를 빼면 쓸 돈이 거의 없었다. 먹는 것까지 아껴야 했다. 취업 비용까지 벌기 위해선 아르바이트를 더 해야 하는 상황이었다. 운 좋게 저녁 파트로 3시간만 해도 되는 편의점 알바를 구할 수 있었다. 그렇게 일주일 고정 스케줄이 완성되었고 180만 원 이상은 벌 수 있었다. 그렇게 꾸준히 100만 원을 드릴 수 있는 비밀스러운 생활이 시작되었다.

두 번째는 이전에 출퇴근했던 것처럼 똑같이 엄마를 속여야 했다. 이전 회사는 규정상 정장을 입고 출퇴근해야 했다. 나는 알바 시간도 출, 퇴근 시간에 맞게 설정해놨다. 그리고 알바를 하러 갈 때도 출근하는 것처럼 매일 정장을 입고 나갔고 퇴근할 때도 정장으로 갈아입고 집에 들어갔다. 나는 갈아입을 여분의 옷을 항상 챙겨 다녔다. 그렇게 또 한 번의 1년을 보냈다. 물론 기약 없는 이러한 생활에 지치기도 했다. 하지만 한 곳만을 바라보며 시작한 간절함이 나를 끝까지 이끌어주었다. 그렇게 아르바이트를 한 결과 나는 목표했던 곳보다 더 만족하는 지금의 회사에 입사하게 되었다. 이 모든 일을 할 수 있었던 건 절박함과 간절함이었다. 내가 하고자 하는 데 엄마의 걱정이 방해되면 속이면 되는 것이었고, 돈이 방해되면 내가 쓸 지출을 줄여서라도 돈을 벌어드리면 되는 것이었다. 하고자 하는 간절함 앞에서 모든 변명은 나에게 통하지 않았다. 이렇게 나는 세상에 도전하는 법을 아르바이트를 통해 배우고 있었다.

나는 상식적으로 불가능한 일도 간절함 앞에서 모두 이루어진다고 믿고 있다. 비록 원하던 목표를 정확히 이룬 것은 아니었지만 그보다 더 만족한 결과를 이룰 수 있었다. 이렇듯 꼭 원하던 목표가 이루어지지 않았다고 실망할 필요도 없다. 간절히 목표를 향하고 있다면 목표로 했던 곳과 비슷하게 실현되기도 하지만 전혀 다른 곳에서 실현되기도 한다. 여러분이 해왔던 노력은 절대 여러분을 배신하지 않는다. 우리는 이러한 과정에서 크게 성장할 수 있는 것이다. 우리에게 가장 큰 실패는 시도해 보지 않는 것이다. "생각대로 살지 않으면 사는 대로 생각하게 된다."라는 말도 있지 않은가. 현실에 머물게 되면 그 현실 속에서만 생각할 수밖에 없다. 계속 원하는 것을 찾아 간절하게 생각해야 현실이 된다는 것이다. 정말로 간절히 꿈과 목표를 원한다면 분명 원하는 대로 살게 될 것이다.

알바신의 알바 꿀팁

목표를 향한 간절함과 절박함만 있다면 하는 아르바이트가 10개라도 지치지 않는다. 목표가 있고, 꿈이 있는 사람은 현실에 절대 좌절하지 않는다. 오직 되는 방법만 찾기 때문이다. 아르바이트를 10개 해도 지치지 않을 당신의 꿈과 목표를 세워보길 바란다.

365알바신공

365 아르바이트 라이프 7가지 노하우

1

새벽 알바로 하루를
생산적으로 활용하라

성공하는 사람들은 자기가 바라는 환경을 찾아낸다.
발견하지 못하면 자기가 만들면 된다.
- 조지 버나드 쇼

새벽형 인간이 되다

나는 새벽 시간을 좋아한다. 새벽은 아무나 누릴 수 없는 특별한 것이
기 때문이다. 지금도 꾸준히 새벽 4시에 기상하고 있다. 새벽은 우리에
게 주는 것들이 너무 많다. 긴 하루를 주기도 하고 수많은 긍정에너지와
할 수 있다는 자신감을 심어주기도 한다. 새벽의 1시간은 낮의 3시간이
라는 말도 있다. 새벽에 기상하면 그만큼 밀도 있는 시간을 보낼 수 있다
는 말이다. 다른 사람들이 24시간을 살 때 30시간 이상을 살 수 있는 것

이다. 또한, 새벽에 일어나면 마치 세상에 나 혼자 있는 것 같은 느낌이 들기도 한다. 마음이 고요하고 차분해진다. 이러한 시간은 오직 새벽밖에 누릴 수 없다. 심지어 휴대전화도 울리지 않기 때문에 어떤 것도 나를 방해할 수 없는 유일한 시간이다. 훗날 나에게 성공 비결이 뭐냐고 물어본다면 나는 반드시 '새벽에 기상하는 것'이라고 말할 것이다. 새벽은 그만큼 나에게 특별한 존재로 자리 잡았다.

작가 김도사는 저서 『출근 전 2시간』에서 새벽형 인간을 이렇게 말하고 있다.

"당신이 새로운 인생을 시작하기 위해선 무조건 새벽형 인간이 되어야 한다. 하루를 지배하기 위해선 새벽을 지배할 수 있어야 한다. 그래야 새로운 아침, 새로운 인생을 살 수 있기 때문이다."

나는 『출근 전 2시간』을 읽으며 이 부분에 가장 끌렸다. 우리는 누구나 새로운 인생을 원하고 성공을 원한다. 하지만 누구나 성공할 수 있는 건 아니다. 성공까지의 길은 누구나 갈 수 있는 쉬운 길이 아니기 때문이다. 나는 평소에도 성공한 사람들의 습관 중 하나라도 내 것으로 만든다면 나 역시 성공할 것이라 믿어왔다. 지금도 같은 생각이다. 나는 그 비결 중 하나를 새벽에서 찾기로 했다. 성공한 사람들을 보면 하나같이 새벽형 인간이었다. 나 역시 새벽에만 꾸준히 일어날 수 있다면 꼭 성공할 것이라는 확신이 들었다. 그렇게 나는 새벽을 통해 하루를 생산적으로 활용하기 시작했다.

새벽형 인간이 되기 위해 끊임없이 자신과의 사투를 벌여야 했다. 누구나 새벽에 일어나는 일은 쉽지 않다. 나 역시 처음엔 그랬다. 가끔은 더 자고 싶어 늦잠 자는 일도 있었다. 이처럼 나는 새벽에 잘 일어나는 방법을 오랫동안 연구했다. 그 결과 나만의 비법을 찾게 되었고 이제는 습관적으로 새벽 4시에 일어나고 있다. 수많은 시행착오 끝에 찾은 그 비결을 몇 가지 공유하고자 한다.

잠은 아주 솔직하다. 30분을 늦게 자면 30분이나 그 이상을 더 늦게 일어나도록 만든다. 이렇듯 평소보다 늦게 일어났다는 것은 전날의 영향이 가장 크다는 의미다. 그래서 새벽형 인간의 첫 번째 조건은 '일찍 자는 것'이다. 예전에는 이러한 사실들을 전혀 몰랐다. 일찍 자든 늦게 자든 무조건 새벽에만 일어나면 그만이라 생각했다. 오히려 늦게 자고 새벽에 일어나는 것에 스스로 자랑스럽게 여겼다. 문제는 항상 작심삼일로 끝난다는 것이었다. 누구나 대충은 자신의 바이오리듬과 최초 수면 시간을 알 것이다. 내가 말하는 최소 수면 시간이란, 딱 그 정도의 시간만 자면 비몽사몽하지 않고 하루를 거뜬히 보낼 수 있는 시간을 말한다. 나 같은 경우 분석해보니 정확히 6시간이었다. 6시간에서 조금만 덜 자도 온종일 피곤하고 힘이 없었다. 그래서 무슨 일이 있어도 밤 10시에는 잤다. 여러분도 본인의 최소 수면 시간과 바이오리듬을 한번 찾아보길 바란다. 새벽 기상은 무엇보다 꾸준히 하는 것이 가장 중요하다. 중간에 하루라도 늦게 자는 날이 있으면 다시 제자리로 돌아갈 확률이 높다. 새벽형 인간이 되기 위해선 정확한 취침 시간과 최소 수면 시간은 반드시 지켜줘야 한다.

새벽 시간은 성공의 지름길

새벽 기상의 장점은 너무나도 많다. 그래서 아르바이트를 할 때도 '새벽 알바'를 많이 활용했다. 새벽 알바를 통해 하루를 길게 쓸 수 있었기 때문이다. 또한, 새벽 알바를 통해 아침을 상쾌하게 시작할 수 있었다. 잠을 깨우는 데는 '새벽 알바'를 통해 몸을 움직이는 것만큼 좋은 게 없다. 그만큼 새벽 알바는 정신을 깨우는 데는 최고다. 이처럼 새벽 알바를 시작한 이후부터 좋은 습관들이 많이 생겼다. 무엇보다 술을 멀리하게 되었다. 보통 술자리는 밤에 있기 때문이다. 나는 새벽 알바를 해야 했기 때문에 술자리에 참석할 수 없었다. 새벽 알바를 하기 위해선 늦어도 9시에는 귀가를 해야 했다. 그렇지 못하면 다음 날 출근을 못 할 정도로 지장이 컸다. 이러한 이유로 친구들의 연락에도 나가지 않았다. 또한, 새벽 알바를 하면 남들이 자는 시간에 돈을 벌기 때문에 하루를 벌게 된다. 보통의 알바생은 아침 늦게까지 자고 오후쯤 아르바이트를 시작한다. 새벽 알바나 아침 알바를 활용할 생각을 하지 못한다. 새벽 알바를 하면 오후에 해야 할 알바를 미리 당겨서 할 수 있다. 같은 시간 동안 같은 돈을 벌지만, 남들이 일하는 그 시간에 나는 나만의 시간을 쓸 수 있는 것이다. 이거야말로 돈도 벌고 시간도 벌 수 있는 일석이조의 효과 아닌가? 새벽 알바를 안 할 이유가 없는 것이다!

여러분의 새벽 알바를 응원하기 위해 몇 가지 '새벽 기상' 팁을 공유할까 한다. 여기에 내가 지금까지 쌓아온 노하우가 담겨 있다. 참고해서 새벽형 인간으로 거듭날 수 있길 바란다.

첫째, 일찍 자라.

밤 10시에는 자야 새벽 4, 5시에 일어날 수 있다. 사람마다 다르겠지만, 6시간 정도는 반드시 숙면을 취해야 어렵지 않게 일어날 수 있다. 반드시 최소 수면 시간은 지켜줘야 한다.

둘째, 알람은 최소 3개 이상 맞춰라.

나 역시 처음엔 알람이 울려도 못 들었다. 지금은 자동 반사적으로 일어나지만, 처음엔 휴대전화 2개, 태블릿 1개 총 3개로 5분씩 4개 이상의 알람 설정을 했다. 특히 알람은 장롱 위나 책상 위 등 손에 바로 닿지 않는 곳에 둘수록 좋다.

셋째, 저녁 시간의 습관을 바꿔라.

전날 마시는 술을 절대 금지다. 자기 1시간 전부터는 음식도 금지다. 특히 휴대전화는 잠들기 전까지 절대 보지 않는다. 액정 속 빛이 눈을 피로하게 만들며 다음 날까지 안 좋은 영향을 주기 때문이다.

넷째, 바쁜 하루를 보내라.

밤에 잠이 안 온다면 새벽에 일어나는 것 자체가 불가능하다. 10시만 되면 눈이 감기도록 만들어야 한다. 낮잠을 1~2시간씩 자는 건 금지다. 낮 동안 최선을 다해 시간을 보내라.

다섯째, 자기 전 편안한 마음을 가져라.

10시에 잘 것이라면 30분 전부터 미리 누워서 책을 읽는 것도 좋은 방법이다. 밤에 읽는 책만큼 좋은 수면제는 없다. 마음을 편안하게 해주는 명상이나 음악을 듣는 것도 좋다. 단, 유튜브 등의 눈을 피로하게 영상물은 금지다.

여섯째, 새벽 알바를 활용하라.

새벽 기상은 일어나는 것도 중요하지만, 정신을 깨우는 것이 더 중요하다. 정신이 안 깨면 다시 잘 수 있는 확률이 높기 때문이다. 샤워를 해도 좋고 새벽 알바를 해도 좋다!

알바신의 365 알바신공

한 번쯤 새벽을 생산적으로 활용하는 새벽형 인간이 되어보는 건 어떨까? 조금이라도 늦었다는 생각이 드는 사람일수록 하루빨리 새벽 시간을 활용해보길 바란다. 가장 빠르게 시간을 벌 수 있는 지름길이다. 무엇보다 새벽은 강한 에너지를 주는 시간이다. 하루를 빠르게 시작하는 사람들은 얼굴부터가 다르다. 새벽형 인간은 항상 긍정적이며 여유 있고 활기차다. 나 역시 새벽을 통해 긍정에너지와 할 수 있다는 자신감을 많이 얻었다. 결국은 새벽을 지배하는 사람이 하루를 지배하고, 하루를 지배하는 사람이 인생을 지배하게 된다. 그 시작을 '새벽 알바'로 활용해보는 건 어떨까? 분명 여러분의 인생은 빠르게 바뀔 것이다.

알바신의 알바 꿀팁

새벽 알바로 새벽형 인간에 도전해보자. 대부분의 '오픈 알바'가 새벽이나 아침 시간에 시작한다. 헬스장 오픈 알바도 좋고, 편의점 오픈 알바도 좋다! 새벽 알바를 통해 돈도 벌고 시간도 벌어보자!

2

알바하고 남은 시간은
'황금 시간'이다

위대한 사람은 시간을 창조해나가고 평범한 사람은 시간에 실려간다.

- 윤오영

황금 시간 확보하기

인생은 시간과의 싸움이다. 자신에게 주어진 시간을 잘 활용해야 원하
는 미래를 창조할 수 있다. 시간은 자신에게 줄 수 있는 유일한 선물이라
는 것을 명심해야 한다. 시간을 언제까지나 흘러가는 강물처럼 생각해선
절대 안 된다는 말이다. 시간은 누구에게나 24시간씩 공평하게 주어진
다. 24시간을 초로 바꾸면 86,400초가 된다. 1초당 1원의 돈으로 환산하
면 매일 86,400원씩 입금되는 것이다. 이러한 시간을 잘 활용해서 매일

86,400원씩 저축을 할 것인지, 무의미하게 사용해서 86,400원을 모두 사용할 것인지는 여러분에게 달려 있다. 시간의 중요성은 아무리 강조해도 지나치지 않다. 이제는 시간을 황금으로, 돈으로 여겨야 한다. 인도의 위대한 지도자 간디 역시 시간에 대해 이러한 명언을 남겼다.

"미래는 현재 우리가 무엇을 하는가에 달려 있다."

현재 보내고 있는 시간에 대한 중요성을 강조하는 말이다. 이렇듯 현재 무엇을 하면서 시간을 보내고 있는지 항상 점검해볼 필요가 있다. 물 흐르듯 낭비하고 있는 시간은 없는지 확인해봐야 한다는 것이다. 『아프니까 청춘이다』의 저자 김난도 교수는 자신의 시간 관리의 비결을 다음과 같이 말하고 있다. 이 세 가지는 시간 관리를 위해 본인이 하지 말아야 하는 행동들을 분류한 것이다.

첫째, 버릇이 들어 하게 되는 행동
둘째, 다른 대안이 없어 하게 되는 행동
셋째, 다른 사람 때문에 할 수 없이 하게 되는 행동

김난도 교수 역시 물 흐르듯 낭비하고 있는 시간인 '버릇이 들어 하게 되는 행동'을 가장 고치기 어렵다고 말했다. 이러한 시간이 가장 많은 시

알바신의 365 알바신공

간을 낭비하면서도, 온갖 이유를 들어 자신을 합리화하기 때문이다. 저자는 내게 없던 무엇인가를 이루고자 한다면, 기존의 습관을 바꾸지 않고는 불가능하다고 말한다. 특히 무의미한 시간을 사용하는 중독된 습관을 가장 먼저 바꿔야 한다고 강조했다.

나 역시 이 세 가지를 항상 염두에 두고 시간을 활용해왔다. 구체적으로는 밥 먹으면서 TV 보기, 시간 날 때마다 유튜브 보기, 페이스북 접속하기, 카톡 확인하기, 연예 정치 기사 확인하기 등이 있었다. 이러한 행동부터 하지 않으려 노력했다. 나는 이루고자 하는 목표가 있었기 때문에 이러한 버릇들부터 하나씩 고쳐나갔다.

그 밖에 많은 '황금 시간'을 어떻게 확보했는지 공유하고자 한다. 그 첫 번째로, 동선을 최대한 짧게 해 '자투리 시간'을 많이 확보하는 것이다. 최소 3개에서 4개 정도가 가장 이상적이다. 나는 목표를 이루기 위해 집, 아르바이트, 도서관, 카페 이외는 아무 곳도 가지 않았다. 짧은 움직임으로 최대한의 동선을 줄였다. 가끔 이런 사람들이 있다. '반드시 목표를 이루겠어!'라고 말하면서 친구가 연락해오면 이미 약속장소로 가 있는 사람들, 오랜만에 동기나 동창이 연락 오면 '그래, 오랜만이니까 당연히 봐야지!'하면서 약속부터 잡는 사람들 말이다.

목표를 이루기 위해선 이러한 유혹을 이겨내야 한다. 여기저기로 동선을 크게 잡고 움직이면 '황금 시간'을 절대 확보할 수 없다. 즉 이런 유혹

들을 본인 스스로 이기지 못하면 원하는 목표를 이루기 힘들다는 의미다.

짧은 시간 안에 빠르게 무엇인가를 이루고자 한다면 잠시만이라도 '잠수 타기'를 추천한다. 그래야 밀도 있고 온전히 집중할 수 있는 시간을 보낼 수 있다. 술 약속도 지켜야 하고 애인도 만나야 하고 가족 모임도 참석해야 하고, 생일파티도 참석해야 하고, 다 하려고 하는데 무슨 시간을 확보할 수 있겠는가. 또한, 목표를 이루는 데 너무 많은 걱정을 하는 사람들이 있다. 내가 잠시 연락을 안 하면 친구들이 서운해할 것 같고, 약속 한 번 못 나가면 다시는 안 불러줄 것 같다고 생각하는 사람들 말이다. 이런 부질없는 걱정은 더 이상 하지도 말자. 할 필요도 없다. 뭐가 그렇게 무섭고 두려운지 모르겠다.

참된 친구들이라면 응원해주고 기다리지 욕하지 않는다. 혹 내가 약속모임에 못 나간다고 욕하는 친구들이 있다면 과감히 버려라. 그들은 친구가 아닌 당신을 갉아먹는 '드림 킬러'일 뿐이다. 진심으로 나를 생각하는 친구는 어떻게 해서라도 고생한다며 밥 한 끼라도 사줄 친구들이다. 명심하길 바란다. 이런 부류의 친구들 때문에 꿈꾸며 달려가고 있는 자신에게 스트레스를 주지 말자.

카페 빈 컵 활용하기

나는 평소에도 버려지는 시간이 없는지 항상 체크했다. 많은 아르바이트를 했기 때문에 항상 시간 관리에 신경을 썼다. 작년 여름 취업할 당시엔 약 6개월 동안은 하루에 4개씩 12시간을 일하며 나머지 시간을 활용했다. 혹자는 "하루에 12시간씩 일하는데 어떻게 나머지 시간을 활용할 수 있나?"라고 반문할 수도 있겠지만 나만의 시간 활용법이 있었다. 알바 사이사이에 1시간에서 3시간씩 온전히 쓸 수 있는 시간이 있었다. 이러한 시간을 모아서 활용하는 것이다. 시간은 모을수록 그 가치를 발휘한다는 사실을 깨달았다.

나는 그 비결을 꾸준함에서 찾았다. 꾸준함의 힘은 상상을 초월한다. 나는 매일 똑같은 시간에 하루도 빠지지 않고 항상 똑같은 스케줄을 반복하며 취업 준비를 했다. 같은 9시간이라면, 하루에 9시간을 보내는 것보다 3시간씩 3일을 보내는 시간이 훨씬 더 큰 힘을 발휘한다고 믿었다. 이러한 생각으로 하루도 빠짐없이 나와의 약속을 지킬 수 있었다. 그리고 끝내 원하는 목표를 성취할 수 있었다. 정말 꾸준하게 해야 할 일을 하면 그 목표가 무엇이든 반드시 이루게 되어 있다.

나에게는 웃겨도 웃지 못할 추억이 하나 있다. 친구 역시 그날의 기억을 아직도 잊지 못한다고 했다. 어느 날이었다. 나는 그날도 카페에서 공부하기 위해 집을 나섰다. 우연히 길에서 친구를 만났다. 친구가 물었다.

"어디 가냐?"
"공부하러 카페가려고."
"돈도 많다. 난 돈 없어서 카페도 못 가는데…."

나는 웃으면서 말했다.

"에이, 돈 없는 건 변명이야. 하고자 하면 다 돼."
"무슨 소리야, 그게?"
"짜잔, 이거면 다 돼."

나는 가방에 담긴 다양한 카페의 빈 컵들을 보여줬다. 친구는 컵들을 보더니 자포자기한 듯 말했다.

"너란 놈은 진짜…, 대단하다, 진짜 대단해."

자세한 이야기는 이렇다. 나는 하루에 4개씩 아르바이트를 했기 때문에 알바 사이사이에 30분, 1시간씩 시간이 빌 때가 많았다. 나는 그 시간마저 활용해야 했었다. 한번은 그 다음 아르바이트 시간까지 30분 정도

남아서 바로 옆에 있는 스타벅스로 들어갔다. 30분 정도를 있어야 했는데 이를 위해 4,100원의 아메리카노를 사 먹는 건 말도 안 되는 일이었다. (취준생 신분이라 돈이 많이 부족했다.) 10분 정도를 앉아서 공부하고 있었는데 갑자기 직원이 다가왔다. "고객님, 음료는 주문하셨나요?" 갑작스러운 말에 나는 적잖게 당황했다. "아뇨…, 주문 못 했습니다." 너무 솔직하게 대답이 튀어 나왔다. '일행 기다리고 있어요.' 등의 전략적인 답변을 할 틈도 없었다. 직원은 "음료 시켜주셔야 해요. 고객님." 하며 돌아갔다. 나는 너무 부끄러웠고 쫓겨나듯 자리에서 일어났다. 하지만 앞으로도 30분, 1시간씩 시간은 계속 빌 것이고 근처 카페에 가서 시간은 활용해야 했다. 나는 고민했다. 고민을 거듭해도 매일 1시간을 보내기 위해 음료를 계속 시킬 수는 없었다. 그만한 돈도 없었다.

그래서 생각한 것이 '몰래 빈 컵을 가지고 다니는 것'이었다. 이유가 어찌 됐든 테이블에 컵만 있으면 되는 것이었다. 그렇게 나는 탐앤탐스, 스타벅스 등 여러 개의 빈 컵을 들고 다니기 시작했다. 직원들에게 티 날까봐 하루씩 돌아가며 방문했다. 가끔 까먹고 챙기지 못한 날에는 픽업 대에 있는 컵까지 몰래 가져와 공부하고 알바를 하러 갔다. 체면 따위는 크게 문제 되지 않았다. 목표를 이루기 위해선 이것보다 더한 것도 할 수 있었다. 그렇게 아르바이트를 하고 남은 시간을 활용하기 시작했다. 서면을 빌려 스타벅스와 탐앤탐스 등의 카페 관계자분께 죄송하다는 말을 전하고 싶다.

시간의 중요성은 아무리 강조해도 지나치지 않다. 어떤 일을 하든지 남는 시간은 반드시 있을 것이다. 그 시간을 '황금 시간'으로 바꾸냐, 못 바꾸느냐가 미래 당신의 모습을 바꿀 수 있는 열쇠다. 누구는 그 시간에 휴대전화만 들여다보며 시간을 흘려보낼 것이고 누구는 자기 계발을 하며 시간을 담을 것이다.

선택은 오로지 당신이 하는 것이다. 나는 후자를 선택했고 알바하고 남은 시간을 '황금 시간'으로 바꿔 활용했다. 덕분에 나는 원하는 것을 하나씩 이루어나갈 수 있었고 지금의 나의 모습에 만족한다. 나는 만족을 넘어 또 다른 새로운 도전을 위해 살아가고 있다. 미래의 나의 모습 역시 나에게 주어진 '황금 시간'을 얼마나 잘 활용하는가에 달려 있을 것이다. 당신이 원하는 간절한 모습이 있다면 지금 당장 '황금 시간'을 만들어 활용하자.

알바신의 알바 꿀팁

아르바이트 때문에 시간이 부족하다는 건 변명이다. 시간은 어떻게 해서든 당신이 만들고자 하면 만들 수 있다. 성취하는 사람들은 자기가 바라는 환경을 찾아서 만들어낸다. 당신이 낭비하고 있는 시간을 찾아 황금 시간으로 만들어라!

3

아르바이트를 통해
나태함을 극복하라

행동은 모든 성공의 기본이다.
- 파블로 피카소

나태함을 통해 성장하다

'나태하다'를 사전에 찾아보면 '행동, 성격 따위가 느리고 게으르다.'라

고 정의되어 있다. 나는 20대가 가장 경계해야 할 첫 번째가 바로 이 나

태함이라고 생각한다. 이러한 나태함은 인간의 삶과 떼려야 뗄 수 없는

그런 존재다. 인간은 나태함을 이겨가는 과정에서 더 크게 성장한다고

생각하기 때문이다. 나태함은 마치 언제든지 우리를 잡아먹기 위해 몸에

잠복해 있는 병원체 같은 존재다. 쉽게 말해 우리의 열정, 의지, 끈기, 도

전, 긍정이라는 마음의 면역 체계가 무너지는 순간 나태함은 곧바로 출현할 준비를 하는 것이다. 이는 병원체와 면역 체계가 싸우는 것과 비슷하다. 우리의 마음의 면역 체계가 나태함에 무너지면 몸이 아프듯 마음에 혼란이 찾아온다. 반대로 나태함을 이길 때, 즉 시련을 극복했을 때 면역 체계가 더 강해지듯이 우리의 인생은 더 단단해지고 성장하게 된다.

나는 내 안에 있는 수많은 나태함과 싸워왔다. 언제나 나태함은, 반갑지 않은 손님처럼 항상 나를 찾아왔다. 학창시절에도 찾아왔고, 성인이 돼서도 찾아왔고, 일주일 전에도 찾아왔다. 앞으로도 계속 찾아올 계획 같다. 이런 나태함을 이제는 인정하려 한다. 어차피 앞으로도 꾸준히 찾아올 텐데 그때마다 힘들고 스트레스 받을 필요는 없지 않은가. 그래서 요즘은 웃긴 일이지만 가끔 나태함을 기다리기도 한다. 나태함을 이기는 것이 비로소 내가 성장하고 있다는 증거이기 때문이다.

가끔은 이러한 시련이 곧 기회가 되기도 한다. 우리가 이 시련을 견디고 이길 때 기회를 받을 수 있는 것이다. 반대로 이 시련을 견디지 못한다면 기회란 선물은 가질 수 없게 되는 것이다. 여러분도 어차피 오게 될 시련을 즐겨보는 건 어떨까. 이제는 더 이상 시련을 거절할 필요도 피할 필요도 없다. 시련은 곧 기회이니까.

나태함, 시련, 역경이란 단어와 항상 따라 다니는 단어가 있다. 바로 '회복 탄력성'이다. 회복 탄력성이란, 온갖 시련과 역경을 성장의 발판으로 활용하는 힘이라고 정의할 수 있다. 성공한 사람들 대부분이 이러한 회복 탄력성이 높은 사람들이다. 대부분의 성공한 사람은 보통의 사람들이 상상할 수도 없는 시련과 역경을 겪는다. 회복 탄력성이 높은 사람들에게 시련과 역경은 오히려 더 큰 성공을 할 수 있게 해주는 원동력일 뿐이다. 우리의 삶에 역경과 시련이 없다면 재미가 없을 것이다. 우리 역시도 누군가의 성공 스토리를 들을 때면 온갖 슬픔과 고통, 시련과 역경이 많은 삶에 더 많은 공감을 하고 더 끌리는 이유다. 이렇듯 시련, 고통, 괴로움을 통해 다져진 삶은 그렇지 못한 삶보다 더 아름답고 감동적이다. 작든 크든 모든 성공에는 실패가 있게 마련이다. 세상에 오르막이 없는 내리막이 없듯이 실패 없는 성공은 없다. 우리는 실패를 통해서 비로소 잘되는 방법을 스스로 깨닫고 더 큰 성공을 위해 나아갈 수 있기 때문이다.

나 역시 처음엔 나태함을 못 이기는 그런 사람이었다. 나태함이 찾아올 때마다 나에게 큰 시련이 온 것처럼 정말 괴로웠다. 앞을 보고 달려가도 모자랄 판에 항상 나태함에 굴복했기 때문이다. 나태함이 한번 찾아올 때면 최소 일주일씩은 갔다. 일주일 동안 정말로 아무것도 할 수가 없었다. 아니, 정확하게 말하면 아무것도 하기 싫었다. 무기력증에 잠만 자

알바신의 365 알바신공

게 되고 무언가를 하려는 시도나 움직임조차 하지 않았다. 머릿속에서는 계속해서 '뭐라도 해!'라고 명령하는 건 알겠는데 몸이 따라주지 않았다. 이러한 나태함의 구덩이에서 헤어나오지 못할 때면 엄청난 스트레스에 너무 괴로웠다. 이러한 시간이 계속될수록 점점 자괴감에 빠져들었다. 그렇게 며칠을 지내다 보면 나의 정신은 바닥 끝을 넘어 지하까지 가게 되었다. 내가 생각할 수 있는 가장 깊은 부정의 끝까지 다녀오는 것이다. 그렇게 며칠을 더 보내다가 어느 순간 나태함이 극에 달하면 정신이 바짝 들었다. 나의 행동들을 미친 듯이 후회하면서 더 괴로워졌다. 그동안 아무것도 하지 않았던 그 시간이 또 한 번 나를 불안하게 했다. 스스로 큰 실망감이 들었다. 그러면 또 어느 순간 그동안의 시간을 보상하려 듯 더 미친 듯이 움직이는 나의 모습을 발견할 수 있었다. 그리고 나는 깨달았다.

나태함에 빠지지 않는 것, 그것도 중요하지만 나태함을 통해 스스로를 반성하고 더 성장할 기회로 삼는 게 더 중요하다는 것을 말이다. 지금은 나태함이 오지 않도록 스스로 끊임없이 관리하고 경계하고 있다. 무엇이든 열심히 하지 않을 때 뒤따라오는 자괴감, 그에 따른 스트레스, 불안감이 너무 싫기 때문이다. 난 이런 것들이 제일 견디기 힘들었다. 그래서 나는 항상 바쁘게 움직이며 하루하루를 살아가려 노력하고 있다.

실행력이 답이다

나태함을 극복할 수 있는 유일한 무기는 오직 실행력밖에 없다고 생각한다. 쉽게 말해, 무조건 움직이는 것이다. 가만히 있지 말고 뭐라도 나가서 하면 쉽게 나태함을 극복할 수 있다. 20대는 끊임없이 경험하고 채워가야 할 나이다. 더 이상 결론이 나지 않는 고민을 하면서 시간을 낭비해서는 안 된다. 이리 재고 저리 재면서 고민하는 동안 마음은 점점 더 약해지고 하고자 할 의지는 사라지게 되는 것이다. 결국, 나태해져 아무것도 실행에 옮기지 못하고 주저앉고 만.

나를 조금씩 변화시킨 건 우직한 실행력이었다. 나태함이 나를 짓누를 때마다 꿈틀거리는 지렁이처럼 움직이려 발악이라도 했다. 나태함이 찾아올 때면 절대 집에 있지 않았고 항상 밖으로 나갔다. 목표하고 계획한 게 있다면 여러 번 장소를 옮겨서라도 했다. 한강을 걸으면서도 했고, 공원 가로등 불빛 밑에서라도 했다. 이렇게 우직한 실행력으로 움직인 하루하루가 모여 무엇이든 할 수 있다고 믿는 '나'를 만들어줬다. 나는 뭐든지 일단 머리 들어가면 몸이 자연스럽게 따라 들어간다고 믿는다. 시작이 정말 중요하다는 의미다. 나태함은 항상 '해야 한다.'라는 감정과 동시에 찾아온다. 우리는 '해야 한다.'와 '하기 싫어.', 이 두 가지 사이에서 매번 갈등하고 선택을 하는 것이다. 지금까지는 '하기 싫어.'를 선택해 왔다면 이제는 우직한 실행력으로 '해야 한다.'를 선택해야 한다. 나태함이 올 때면 당신에게 분명 힌트를 보낼 것이다. 그 힌트를 빠르게 인지하고 그때 바로 '0초 이내 실행한다.'라는 마음으로 나태함을 극복해보자.

나는 나태함을 극복하는 데 아르바이트가 큰 도움이 되었다. 갑작스럽게 나태함이 찾아와도 아르바이트를 하고 있으면 안 갈 수도 없었다. 특히 나 같은 경우 하루에 여러 가지 아르바이트를 하고 있었기 때문에 나태해질 겨를이 없었다. 아르바이트의 장점은 책임감 때문이라도 일단은 움직이게 된다는 것이다. 일단 움직이면 나태함을 극복하는 데 절반은 성공한 것이다. 나머지 절반은, 아르바이트를 하면서 자연스럽게 극복된다. 이유는 이렇다. 아르바이트 대부분 몸을 쓰거나 동적인 일이 많다. 신체 활동은 우울한 감정이나 부정적인 감정을 극복하는 데 굉장히 좋다. 이렇듯 일하면서 자신도 모르는 동안 자연스럽게 극복이 되는 것이다. 우리도 가끔 상대방이 외로워하거나 우울해할 때 나가서 뛰든지 운동이라도 하라고 말해주지 않는가. 또한, 연인과 헤어졌을 때도 집에 있지만 말고 나가서 액티비티한 활동을 하라고 말하는 이유와 같은 이치인 것이다. 아르바이트는 이러한 측면에서 나태함뿐만 아니라 우울한 감정들, 부정적인 감정들을 극복하기 가장 좋다.

혹시 우울한 감정에 가득 차 있거나 부정적인 감정들이 당신을 괴롭히고 있지는 않은가? 나태해져 아무것도 하기 싫고 무기력한가? 지금 당장 나가서 아르바이트를 해보길 추천한다. 나태함도 지속되면 어느 순간 습관이 돼버린다. 때문에, 이러한 부정적인 감정들은 되도록 빠른 시일 내에 극복하는 것이 중요하다. 더 이상 집에서 혼자 끙끙 앓고 있지 말자. 나태함을 극복하는 데는 실행력이 답이다. 일단 움직여야 한다. 지금 당장 밖으로 나가라. 육체적인 활동을 통해 부정적인 마음을 다스려라. 자신 있게 말할 수 있다. 아르바이트는 20대의 나태함을 극복하기에 가장 좋은 방법이다.

알바신의 365 알바신공

알바신의 알바 꿀팁

집에 오랫동안 있는 사람일수록 나태해질 가능성이 크다. 우울하거나 부정적인 감정이 잦은 사람일수록 집 밖으로 나가야 한다. 한강에 나가서 뛰든, 헬스장에서 운동을 하든, 아르바이트를 하든, 우선 나가서 움직여라!

4

한 번에 길게 하지 말고
나눠서 여러 개를 하라

계획하지 않는 것은 실패를 계획하는 것과 같다.
- 에피 닐 존슨

단타 알바 vs 장타 알바

근로기준법에 따르면 4시간당 30분씩 휴식시간이 부여되게 되어 있
다. 총 8시간을 근무했을 때 1시간이 주어지는 것이다. 보통 대기업 계열
사의 아르바이트나 대형 프랜차이즈에서 근무했을 때 이처럼 짜준다. 때
에 따라 조금씩 차이는 있겠지만 순수 근로 시간은 4시간에서 8시간씩
하는 경우가 많다. 나 역시 스스로 스케줄을 조정하는 경우가 아니라면
보통 4시간씩 했다. 가끔 한 사업장에서 8시간씩 근무하는 일도 있었지

만, 오랜 기간 8시간씩 하지는 않았다. 보통 일을 할 때 4시간을 단타, 8 시간을 장타라고 부른다. 말이 8시간이지 실질적으로 매장에 있는 시간 은 휴식시간을 포함해서 총 9시간이었다. 장타를 할 때면, 1시간을 휴식 하는데도 마치 9시간을 전부 일하는 것처럼 몸이 힘들었다.

지금부터는 지극히 주관적인 나의 의견을 말하는 것이므로 상황에 따 른 판단은 여러분이 하길 바란다. 9시간처럼 느껴진 이유는 보통 1시간 의 휴식시간이 있긴 했지만 규칙적이지 않아서였다. 어느 사업장이든 스 케줄을 전문적으로 관리하는 매니저가 한 명씩은 있다. 다 짜여진 스케 줄 표에 오후 2시부터 휴식시간이 되어 있어도 매니저의 재량으로 앞당 길 수도 미룰 수도 있었다. 정확히 4시간을 근무하고 중간에 1시간 휴식 하고 다시 4시간 근무하면 불만도 없었다. 보통 가게 사정상 그렇게 하 지 못한 경우가 많았다.

심지어 이런 일도 있었다. 오후 2시부터 밤 11시까지 9시간의 근무가 잡혀 있었다. 식당 같은 경우엔 오후 2시부터는 사람이 슬슬 빠지는 시간 이다. 어쩌다 손님이 정말 없는 날 오후 3시가 되면 식당이 싹 빈다. 그러 면 2시에 왔음에도 불구하고 3시부터 휴식하라고 한다. 불합리하지만 가 게 사정상 매니저의 말을 들을 수밖에 없었다. 울며 겨자 먹기 식으로 대 답은 하지만 원해서 하는 휴식은 아니었다. 휴식을 하고 나오면 오후 4

시부터 밤 11시까지 무려 7시간을 쉬지 않고 계속 일을 해야 했다. 이런 날이면 너무 힘들었다. 특히 나는 배고픈 걸 참지 못했다. 그렇게 7시간을 일하면 밥 거를 일도 다반사였다. 이런 이유에서 나는 8시간을 일하는 장타가 아닌 4시간 정도 근무하는 단타를 선호했다.

　또한, 장타 근무 시 1시간 정도를 휴식할 때면 쉴 공간이 마땅치 않았다. 대부분 사업장이 그랬다. 쉬는 공간이 있어도 공간 자체가 굉장히 협소해서 편하게 쉴 수 없었다. 많은 인원이 있는 곳은 더 심했다. 마음대로 누워 쉴 수 있는 공간조차 없었다. 쉬는 게 쉬는 것이 아니었다. 쉴 때라도 제대로 쉬어야 하는데 이렇게 못 쉬다 보니 몸은 더 고되고 힘들었다. 이렇게 8시간을 근무하고 집에 갈 때쯤엔 거의 녹초가 되어 아무것도 할 수 없었다. 이러한 이유로도 나는 장타 알바를 꺼렸다. 차라리 이동 거리 시간을 1시간 더 투자해서라도 4시간 근무하고 다른 곳에서 4시간 더 하는 게 훨씬 더 효율적이고 좋았다. 이동 거리 시간을 제외하고는 특별히 느껴질 만한 단점도 없었기 때문이다. 주휴 수당 역시 다 챙길 수 있었다. 4시간씩 5일이 아닌 4일만 일해도 16시간이기 때문에 주휴 수당을 포함한 급여를 전부 받을 수 있었다. 이렇게 나눠 일하면 중간에 집에 와서 편하게 쉴 수도 있고 잠깐 눈을 붙일 시간도 있었다. 그렇게 쉬고 다시 일하면 리프레쉬된 기분으로 더 즐겁게 일할 수 있었다. 저마다의 생각과 스타일이 다르므로 본인과 맞는 방법을 찾으면 된다.

단타 알바의 장점

짧은 시간을 하는 단타 알바는 장점이 너무 많다. 간단하게 세 가지 정도로 정리해봤다.

첫째, 다양한 경험을 할 수 있다.
둘째, 1+1 혜택을 누릴 수 있다.
셋째, 동기부여를 받을 수 있다.

가장 먼저, 다양한 경험을 할 수 있다. 한 개의 알바를 8시간 하는 것보다 4시간씩 나눠서 하면 한 번에 두 가지 경험을 할 수 있게 된다. 이렇게 나눠서 아르바이트를 하게 되면 다양한 알바 스펙을 쌓는 데도 도움이 된다. 요즘은 최저 시급 자체가 높아서 8시간씩 알바를 쓰려고 하지도 않는다. 가끔 장타로 일할 때 가게 사정상 스케줄에서 잘리는 일도 있다. 짧게 일하면 도중에 스케줄을 자르기도 어렵다. 아르바이트를 오랫동안 길게 할 생각이라면 더욱 일을 나눠서 하는 게 더 좋다. 또한, 다양한 사람들을 만날 수 있기에 많은 경험을 하기에도 좋다.

다음으로, 1+1 혜택을 누릴 수 있다. 쉽게 말해, 일을 나누면 각각의 사업장에서 제공하는 혜택들을 2배로 누릴 수 있다는 말이다. 예를 들어, 오전에는 계절밥상, 오후에는 롯데시네마에서 일한다고 가정해보자. 대학생이라면 오전이 아닌 주말에 일하는 것으로 가정해도 좋다. 계절밥상에서 오전에 4시간을 일하고 저녁에는 롯데시네마에서 5시간 일을 한다고 치자. 그러면 나는 계절밥상에서 제공하는 '35%의 임직원 할인 혜택'도 받을 수도 있고, 롯데시네마에서 제공하는 '영화관람권 + 매점 콤보 할인권'도 받을 수 있다. 이 얼마나 큰 혜택인가! 이것들을 모두 누릴 수 있는 것이다. 심지어 '이달의 해피사원'에 뽑히기라도 하면 5만 원 정도 되는 모바일 상품권도 받는다.

마지막으로, 동기부여를 받을 수 있다는 점이다. 세 번째 장점은 사실 좀 추상적일 수도 있겠다. 하지만 나는 알바를 나눠서 하면서부터 주변으로부터 동기부여되는 말을 많이 들었다.

"진짜 열심히 산다."
"알바를 또 해?"
"대단하다 진짜."

응원을 많이 받았다. 그러면 나도 모르게 그런 사람으로 조금씩 변하고 있었다. 더 성실하게 살려고 노력하게 되었고 아르바이트도 더 열심히 하게 되었다. 누군가에겐 아무것도 아닌 말일 수도 있겠지만 말의 힘은 정말 대단하다. 계속해서 이러한 응원의 말을 듣게 되면 동기부여가 되어 정말로 그렇게 변한다. 이렇듯 나는 아르바이트를 여러 개로 나누면서 많은 혜택을 누렸다.

　이제는 아르바이트를 해도 전략적으로 해야 한다. 그저 아무런 생각 없이 돈만 버는 수단의 아르바이트는 그만하자. 본인의 상황에 맞게 효율적으로 일할 방법을 찾아보는 것이다. 특히 시간적 여유가 많은 휴학생이나 백수들은 다양한 아르바이트를 전략적으로 활용해야 한다. 시간적 여유가 많을수록 한 번에 길게 하지 말고 나눠서 여러 개를 해야 한다. 그래야 다양한 경험을 할 수 있고 다양한 혜택을 누릴 수 있다. 나는 20대가 가장 하지 말아야 하는 첫 번째가 바로 '아무것도 안 하고 집에서 노는 것'이다. 계속 강조해서 말하고 있지만 20대에게 가장 소중한 자산은 시간이다. 다시 말해, 시간을 자산으로 바꿔야 한다는 것이다. 20대의 시간은 가치로 바꾸든, 돈으로 바꾸든 무조건 바꿔야 한다. 시간을 자산으로 바꾸지 못하고 낭비해서는 절대 안 된다는 말이다.

알바신의 알바 꿀팁

아르바이트는 저마다 특성이 다르다. 이러한 특성들을 잘 파악해서 내

상황에 맞게 활용해야 한다. 짧은 시간 동안 여러 개의 아르바이트를 활

용해 다양한 혜택을 누려라!

5

알바를 내 꿈을 위한
수단으로 써라

나는 아무것도 시도하지 않은 것을 후회하느니 실패를 후회하는 삶을 살겠다.
- 엠제이 드마코

꿈으로 현실을 파괴하다

"현실이 꿈을 파괴할 수 있다면, 꿈이라고 현실을 파괴할 수 없겠는가?" 영국의 철학자 조지 에드워드 무어가 한 말이다. 이 말은 나의 가슴속 깊은 곳에서 울림을 주었다. 나는 꿈이 있다. 그리고 우리 모두 꿈이 있다. 누군가 "저는 꿈이 없어요….."라고 말하겠지만, 아니다. 분명 여러분 모두 꿈이 있다. 내가 생각하는 꿈이란 거창한 것이 아니기 때문이다. 우리가 하고 싶은 것, 되고 싶은 것, 갖고 싶은 것, 이 세 가지가 바로 내가 정의하는 꿈이다. 하지만 우리 모두 꿈이 있음에도 감추고 살아가야 하는 현실에 살고 있는 게 사실이다. 입 밖으로 꿈을 꺼냈다간 사람들의 비웃음만 살지도 모르기 때문이다. 그리고 세상은 여러분의 꿈을 응원하기는커녕 파괴하려고만 한다. 경제적인 문제, 가족 문제, 학업 문제, 취업 문제 등으로 세상은 여러분을 가만 놔두질 않는다. 또한, 여러분 주변에는 여러분 꿈을 갉아먹는 드림 킬러들이 우글거린다. 가족부터 시작해서 친구, 애인, 동료까지 수많은 사람이 한없이 나의 꿈을 작게 만든다. 마치 "모난 돌이 정 맞는다.", "송충이는 솔잎을 먹어야 한다." 등의 말로 세상은 우리에게 '그냥 좀 그대로 조용히 살라'고 끊임없이 주입하고 있는 것 같다.

나는 이럴 때마다 세상에 "네가 이기나 내가 이기나 죽을 때까지 가보자!"라고 외치며 도전장을 던졌다. 우리는 우리 마음대로 꿈을 펼치기도 힘든 세상에 살고 있다. 그렇다고 현실에 굴복하고 그냥 이대로 살아야 하는 게 옳은 것일까? 있는 듯, 없는 듯 조용하게 세상의 들러리로 살면서 이번 생을 마감하고 싶은가 말이다. 그건 세상과 현실이 당신에게 원하는 대로 해주는 꼴밖에 되지 않는다. 나는 절대 그것만은 용납하고 싶지 않았다. 세상이 아무리 나를 짓밟고 무시해도 현실에 맞춰서 살기는 죽기보다 싫었다. 어떻게 해서든 발버둥이라도 쳐야겠다고 생각했다. 나는 10년이 걸리든, 20년이 걸리든, 평생이 걸리든 언젠간 반드시 성공한

알바신의 365 알바신공

다는 꿈을 품고 지금까지 살아왔다. 그래서 앞으로도 계속 성공만을 기다리며 살 생각이다. 나는 그 성공을 빠른 시일 내에 가져올 것이라 조금도 의심하지 않는다. 절대 현실이 주는 시련에 굴복하지 않을 것이다. 나는 조지 무어가 말한 대로 앞으로도 계속 내 꿈으로 모든 현실을 다 파괴해볼 생각이다. 주변에 널린 현실들과 현실주의자들은 절대 꿈꾸는 자를 이길 수 없기 때문이다.

주변에 보면 이러한 현실에 짓눌려 사는 안타까운 사람들이 너무 많다. 도대체 무엇을 해야 할지 모르겠다는 친구들, 본인의 꿈을 저버린 채 공무원 시험에만 매달리는 친구들, 남들이 가려는 길만을 고집하는 친구들 말이다. 내가 보기에 이들은 본인을 잘 모르기 때문에 그런 선택을 하는 게 아니라고 생각한다. 그들 모두가 본인이 진짜로 원하는 걸 알고는 있다. 하지만 그들이 원하는 걸 하기엔 두려운 것이다. 즉 꿈에 대한 자기 확신이 부족한 것이다. 누가 뭐라고 해도 꿋꿋이 자신을 믿고 꿈을 향해 밀고 가야 하는데, 주변의 방해로 그렇지 못하는 것이다. 대표적인 경우가 '꿈이 현실에 파괴된 사례'라고 말할 수 있다. 이렇듯 세상은 당신이 진정으로 가야 할 곳의 반대쪽으로만 길을 안내하려 할 것이다. "그거 해서 성공이나 하겠냐? 야, 그거 하면 굶어 죽어. 요즘은 안 잘리고 안정적인 게 최고야." 등의 시답잖은 충고로 말이다. 그럴 때면 나는 속으로 "닥쳐! 나는 내가 가고 싶은 길만 가!"라고 끊임없이 외쳤다. 정말로 간절하게 "네 걱정이나 해, 제발. 네 앞가림이나 하라고!"라고 얼마나 외쳤는지 모른다. 나는 이러한 외부 저항에 절대 흔들리지 않았다. 여러분 역시 주변의 말에 흔들리지도 굴복하지도 않았으면 좋겠다. 여러분이 진짜 원하는 것을 했으면 좋겠다. 그리고 이 말을 반드시 기억하길 바란다.

"꿈은 그 누구도 아닌 나 자신이 묵묵히 지원해줄 때 반드시 실현된다."

일단, 부딪치고 시작해

우리 중 가끔 이러한 사람들이 있다. 무엇을 하고는 싶고, 무언가는 이루고 싶은데 집에서 지원을 해주지 않아 못 한다고 불평하는 사람들 말이다. 금수저니, 은수저니, 흙수저니를 들먹거리며 본인이 처한 현실을 비관만 하는 사람들이다. 그리고 점점 모든 문제를 세상 탓으로 돌리기 시작한다. "돈 없고 백 없는 사람은 성공할 수 없는 사회야. 대한민국에서 태어난 게 잘못이지…." 그렇게 세상을 원망해도 달라지는 것은 딱히 없다. 목표를 정하고 앞만 보고 달려가도 시원찮을 판에, 각종 변명과 나약한 신세 한탄으로 스스로를 가두고 방황하는 사람들이 너무 많다. 그럴 시간에 일단 움직여 아르바이트라도 해보는 건 어떨까. 언제까지나 세상은 당신을 뒷바라지해주지 않기 때문이다. 우리는 우리 스스로 자립했을 때 꿈을 향한 길에서 자유로워질 수 있다. 꿈은 절대 누군가에게 저당 잡혀서는 안 되는 것이다. 누가 뭐라 해도 내 인생의 주인은 나다. 좋아도 싫어도 죽을 때까지 내가 이끌어가야 한다는 말이다. 그런데 계속해서 누군가의 지원을 받고 누군가로부터 끌려다녀서 되겠는가? 다시 한 번 말하지만, 꿈은 그 누구도 아닌 나 자신이 묵묵히 지원해줄 때 반드시 실현되는 것이다.

나는 지금의 회사에 취업하기까지 단 한 번도 가족으로부터 지원을 받은 적이 없다. 2016년 2월에 졸업을 하고 2019년 1월 지금의 회사에 입사하기까지 총 3년 정도 긴 시간 동안 취업 준비를 했다. 혹자는 "무슨 3년 동안을 취업 준비를 하지?"라고 말할 수도 있겠다. 하지만 말이 취업 준비였지 그 본질은 '나를 찾는 시간'이었다. 중간에 두 곳의 회사에 들어가긴 했지만 얼마 다니지 못했다. 간절히 원하던 곳은 아니었기 때문이다. 그렇게 다시 꿈을 찾기 위해 회사를 나왔다. 꿈이라고 해서 뭐 대단한 것을 이루기 위해 나온 건 아니었다. 말 그대로 정말로 하고 싶은 것, 되고 싶은 것, 갖고 싶은 것을 위한 결정이었다. 그렇게 회사를 나오고 다시 꿈을 향해 달려가기까지는 많은 시간과 비용이 필요했다. 누구의 결정도 아닌 스스로 내렸던 결정이었기 때문에 아무에게도 도움을 요청할 수 없었다. 아니, 요청하고 싶지도 않았다. 오직 스스로 헤쳐나갈 문제였기 때문이다. 그리고 나는 아르바이트를 다시 하기 시작했다. 이때부터 아르바이트는 내 꿈을 위한 수단이 되어주었다. 나는 매일 아르바이트로 돈을 벌어 꿈을 좇았다. 내가 버는 돈인 만큼 아무도 내게 뭐라고도 하지 않았다. 이렇게 아르바이트는 나를 당당하게 자립할 수 있도록 도와주었다. 아르바이트를 하지 않았다면 결코 스스로 나아갈 수 없었을 것이다.

20대는 누구나 초라한 시기다. 다양한 경험을 하고 그 속에서 좌충우돌하며 조금씩 나 자신을 찾아가는 시기다. 본인이 정말로 하고 싶은 것, 되고 싶은 것, 갖고 싶은 것을 알아야 하는 시기인 것이다. 간절한 꿈이 있는데도 아무것도 안 하고 세월만 흘려보내는 행동은 절대 해선 안 된다. 누구나 20대라는 시기를 통해 아프고 성장통을 겪게 된다. 화려한 30대를 맞이하기 위해서는 이러한 시기를 반드시 거쳐야 한다. 지금 사는 게 너무 힘들고 아픈가? 그건 화려한 30대를 맞이하기 위해 성장통을 겪고 있다는 증거다. 그러니 일단 움직여 부딪쳐봐야 한다. 일단 부딪쳐보기 위해 아르바이트를 한번 해보는 건 어떨까. 나는 자신 있게 말할 수 있다. 아르바이트는 분명 당신의 꿈을 찾는 데 든든한 지원군이 되어줄 것이다.

알바신의 알바 꿀팁

아르바이트는 당신의 꿈을 위해서라도 반드시 해야 한다. 당신의 꿈을

언제까지 부모님이 지원해줄 수는 없지 않은가! 당신의 꿈은 그 누구도

아닌 당신 자신만이 묵묵히 지원해줄 때 반드시 실현되는 것이다.

6

시간 관리는 아르바이트로
조정하라

가장 바쁜 사람이 가장 많은 시간을 갖는다.
부지런히 노력하는 사람이 결국 많은 대가를 얻는다.
- 알렉산드리아 피네

모든 유혹을 없애다

한때 우리나라에서 '미쳐라' 신드롬이 일어났었다. '1년만 미쳐라, 딱 100일만 미쳐라, 꿈에 미쳐라, 공부에 미쳐라' 등 수많은 '미쳐라' 시리즈의 책들이 쏟아져 나왔다. 나는 말 그대로 알바에 미쳐 있었던 적이 있었다. 하루에 4개씩, 일주일에 6개씩 아르바이트를 하며 약 1년이라는 시간을 보냈다. 아르바이트 이외의 나머지 시간은 카페, 도서관에 박혀 지냈다. 이러한 시간을 보냈기 때문에 지금의 내가 있을 수 있지 않았나 싶다. 나는 1년이라는 시간 동안 세상과 완전히 단절하며 자신만의 시간을 보냈다. 총 일주일 동안 했던 아르바이트만 헬스장, 순댓국집, 학원, CU 편의점, 맥도날드, GS편의점, 이렇게 6가지였다. 평일, 주말 할 것 없이 총 12시간씩 일을 하며 보냈다. 사람인지라 토요일 하루는 아무것도 안 하고 쉬었다.

지금 봐도 살인적인 스케줄이었다. 잠자는 시간을 빼면 하루에 최대로 확보할 수 있는 시간이 6시간조차 되지 않았다. 이동 거리, 밥 먹는 시간, 씻는 시간, 화장실 가는 시간까지 포함하면 나에게 주어진 시간은 많아야 5시간이었다. 하지만 나는 시간이 없다는 것에 집중하지 않았고, 있는 시간을 어떻게 써야 할지 집중했다. 신기한 건 알바를 1개를 할 때보다 2개를 할 때, 2개를 할 때보다 3개를 할 때 남는 시간에 더 집중할 수 있었다. 이는 시간을 돈에 비유해보면 이해하기가 쉽다. 여러분도 한 번쯤은 경험해봤을 것이다. 돈이 없을 때는 밥 한 끼를 먹어도 1,000원이라도 더 저렴한 식사를 하면서까지 돈을 아끼게 된다. 또한, 돈이 없으면 평소 버스나 택시를 타고 갈 거리도 걸어서 가게 된다. 반대로 큰돈이 생기면 이것저것에 다 사용하느라 돈이 금방 사라진다. 어차피 많이 갖고 있나 적게 갖고 있나 결국 부족하고 없는 건 똑같다는 말이다. 시간도 마찬가지다. 어차피 우리에게 시간은 항상 모자라고 부족하다. 그래서 사람들은 매번 "아… 시간이 너무 부족해. 시간 좀 더 있었으면…." 하는 말을 달고 사는 것이다. 이렇듯 시간도 돈과 똑같은 원리다. 적은 시간이 주어질수록 더 아껴서 효율적으로 활용하려는 이치다. 다시 말해, 시간이 많다고 더 많은 성과를 내는 것이 아니라 오히려 바쁠수록 시간을 효율적으로 활용하는 것이 인간의 본성이란 것이다.

나 역시 이러한 원리를 아르바이트를 통해 몸소 느낄 수 있었다. 하루에 12시간씩 아르바이트를 하느라 항상 시간이 부족했다. 그래서 남는 시간을 어떻게 활용하면 더 효율적으로 쓸 수 있을지 끊임없이 고민했다. 그리고 하나씩 실천했다. 나는 가장 먼저 이동 시간을 최대한 줄였다. 걷다가 안 돼서 자전거를 샀고, 자전거로 안 돼서 오토바이를 샀다. 또한, 카톡을 보지 않기 위해 무음으로 바꿨고 무음으로도 안 돼서 삭제하기까지 이르렀다. 카톡 확인할 시간을 벌기 위해서였다. 그리고 습관적으로 시간만 낭비하는 유튜브를 보지 않기 위해 사용 해제를 했다. 그밖에도 휴대전화로 쓸데없는 기사들을 보지 않기 위해 여러 개의 하위 폴더를 만들어 인터넷 앱을 맨 끝으로 숨겼다.

이 모든 것이 잘못된 습관을 고쳐 시간을 벌기 위함이었다. 또한, 일주일에 한 번 있는 모임을 한 달에 한 번으로 줄였고 한 달로는 안 돼서 일년에 한 번으로 줄였다. 이렇게 나는 시간을 벌기 위해 세상과 단절하기 시작하였다. 그때 당시 왜 이렇게까지 해야만 했는지 모르겠다. 본능적으로 필요한 것을 얻기 위해 불필요한 것들을 없애기 시작한 것 같다. 그렇게 의미 있는 시간을 확보해 관리하기 시작했다.

알바로 시간을 벌다

아르바이트의 개수가 많을수록 집에 있는 시간은 줄어든다. 우리가 보내는 대부분의 의미 없는 시간은 보통 집에서 보내는 경우가 많다. 집에 있지 않은 것만으로도 많은 시간을 확보할 수 있다는 의미다. 집은 수많은 유혹 거리로 가득 차 있다. 그만큼 유혹에 빠지기 쉬운 곳이다. 침대, 티브이, 컴퓨터, 수많은 먹거리는 우리를 금방 유혹에 빠지게 한다. 나는 그중에서도 잠이 가장 큰 유혹 거리였다. 집에서 잠을 이기는 것은 도를 닦는 일보다 어려웠다. 또 다른 강력한 유혹 거리인 TV는 한번 보면 끊을 수가 없었다. 영상 매체들은 중간에 끊기가 정말 힘들다. 꼬리에 꼬리를 물고 계속 빠져들게 만든다. 특히 영상 매체가 위험한 이유는 보는 동안 힘이 빠져 있다는 것이다. TV를 보는 동안 움직일 힘이 다 빠져 그 다음 할 일을 제대로 하지 못한다. 그러면 또 소중한 시간을 뺏기게 되는 것이다. 나는 되도록 집에 있으려 하지 않았다. 집은 쉬라고 있는 곳이다. 집은 무언가를 이루고자 할 때 가장 멀리해야 하는 곳이다.

아르바이트의 횟수를 늘릴수록 집 밖에 있는 시간이 많아진다. 이는 더 효율적인 시간 관리를 할 수 있다는 의미다. 아르바이트를 1개만 하면 끝나고 곧장 집으로 가게 되지만 2개, 3개씩 하면 집에 갈 시간이 없다. 그래서 많은 시간을 자연스럽게 카페나 도서관 등의 밖에서 보내게 되는 것이다. 온종일 집에 있는 시간이 많거나 유혹에 약한 사람들은 아르바이트 개수로 시간 관리를 해보는 걸 추천한다. 돈도 벌고 시간도 관리할 수 있는 좋은 방법이라고 생각한다. 특히 공무원 시험이나 편입 시험 등의 시험을 준비하는 사람들에게 더욱 좋다. 나의 경험상 자는 시간을 제외하고 모든 시간을 공부에 집중하기란 쉽지 않았다. 아르바이트를 하면 오히려 머리에 휴식을 주고 다시 집중력도 높일 수 있었다. 수험생에게 길게 하라는 것도 아니다. 딱 2시간에서 3시간 정도만 하면 된다. 이 정도 시간만 할 수 있는 알바를 찾아봐도 많을 것이다.

가끔 아르바이트하는 자신의 처지를 비관하는 사람들이 꽤 있는 것 같다. "우리 집은 너무 가난해…. 시험공부 하기도 힘든데 알바까지 해야 해?" 등의 말을 하며 자신을 갉아 먹는 사람들이다. 왜 본인 스스로를 비관하는가. 비관하고 비교하면 상황이 좀 나아질까? 오히려 더 불행해지는 지름길 아닐까? 할 수 있는 범위 안에서 할 방법들만 찾는 게 더 좋은 방법이지 않을까? 특히 요즘은 시급도 많이 올라서 적은 시간만 일해도 밥값, 교재비는 충분히 벌 수 있다. 하루에 2시간씩 20일 기준 평일 한 달만 일해도 334,000원 정도를 벌 수 있다. 최근 최저 시급의 급격한 인상으로 요즘 많은 사업장에서는 일명 '알바 쪼개기'라 불리는 현상이 점점 증가하고 있다는 기사를 본 적이 있다. 알바 쪼개기란, 일주일에 15시간 미만으로 알바생 여러 명을 돌려가며 주휴 수당을 안 챙겨주는 전략(?)을 말한다. 예를 들면, A라는 알바생이 월요일부터 금요일까지 3시간씩 평일 5일 근무했다면 주휴 수당이 지급된다. 사업주는 이를 피하고자 A라는 알바생은 월, 수, 금, B라는 알바생은 화, 목, 토 식으로 9시간씩 시켜 주휴 수당 지급을 회피하는 것이다. 한 사업주는 "주휴 수당까지 다 챙겨주면 손해가 너무 크기 때문에 이런 현상이 어쩔 수 없다."라고 말했다. 아르바이트를 많이 하고자 하는 사람들에게는 이런 현상들이 큰 문제가 될 수도 있겠다. 하지만 15시간 미만의 짧은 시간 동안만 알바할 사람들이라면 이러한 아르바이트를 찾아 활용하는 것 또한 도움이 될 것이다.

자기 인생의 주인공으로 확실하게 살고 싶다면 지금 당장 본인의 시간을 어떻게 관리하고 있는지부터 점검해야 한다. 나도 모르게 낭비하는 시간이 많다는 것을 알 수 있을 것이다. 이러한 시간을 줄이지 못한다면 여러분이 원하는 모습은 영영 오지 않을 것이다. 남들보다 가진 것이 없다면 누구에게나 공평하게 부여되는 시간을 내 것으로 만드는 것이 가장 빠른 성공의 지름길이다. 역설적으로 들리겠지만 가장 바쁜 사람이 가장 많은 시간을 갖게 되어 있다. 부지런히 움직이고 노력하는 사람만이 결국 많은 대가를 얻게 되는 것이다. 인생은 절대 게으른 사람에게 성공을 선물하지 않는다. 명심하길 바란다. 나 스스로가 부지런히 움직이지 않으면 그 누구도 나를 성공으로 이끌어주지 못한다는 사실을 말이다.

알바신의 알바 꿀팁

알바 개수(시간)는 집에 있는 시간과 반비례한다. 집은 쉬라고 있는 곳

이다. 집에 오래 붙어 있다는 것은 당신의 인생이 쉬고 있다는 것과 다르

지 않다. 알바 개수로 집에 있는 시간을 최대한 줄여 당신의 시간을 소중

히 활용하라.

7

아르바이트도 목표가
있어야 즐길 수 있다

항상 더 좋아지려고 노력하지 않으면, 좋은 상태를 유지하지도 못할 것이다.
- 고트프리드 켈러

목표 있는 알바 vs 목표 없는 알바

목표는 우리를 지치지 않게 하는 유일한 원동력이다. 아르바이트를 하다 보면 어느 순간 지치기 마련이다. 일하러 가기도 싫고, 하기도 싫고, 집에만 가고 싶어진다. 누구나 마찬가지다. 남의 돈 벌기가 쉽지 않다는 것은 만고불변의 진리이다. 어떻게 하면 이러한 힘든 감정을 조금이라도 덜 수 있을까. 나는 그 답으로 '아르바이트의 목적을 명확히 하는 것'이라 말하고 싶다. 단순히 '돈이 없으니까, 게임방 가려고, 술 먹고 놀기 위해서' 등의 이유는 여러분을 금방 지치게 할 것이다. '에잇, 없으면 없는 대로 살지 뭐.', '집에서 게임 하지 뭐.', '술, 담배 좀 덜하지 뭐.' 등 말이다. 이런 이유로 쉽게 아르바이트를 포기하는 것이다. 내 주변에서도 알바하기 싫어 집에서 버티는 애들이 적지 않았다. 하지만 명확한 목표가 있는 사람은 어떤 일을 하든 쉽게 포기하지 않는다. 아르바이트를 하기 전 무엇을 위해 하는지 그 목적을 정확히 할 필요가 있는 이유다. 그 시작을 작은 목표라도 세워보는 것은 어떨까. 우선 목표를 세우는 게 중요하다. '나는 이번에 50만 원을 모아서 베트남 여행을 가겠어!', '나는 이번에 최신 노트북을 사겠어.' 등의 구체적이고 정확한 목표 말이다.

나는 아르바이트를 할 때 정말 치열하게 일했다. 목숨 걸고 했다는 표현에 더 가까울 것이다. 그럴 수 있었던 이유는 내가 반드시 이루고 싶은 꿈과 목표가 있었기 때문이다. 나는 아르바이트 덕분에 학벌도 바꿨고 취업까지 성공했다. 아르바이트가 없었다면 절대 불가능했다고 자신 있게 말할 수 있다.

얼마 전 취업 커뮤니티에서 이런 글을 봤었다. '취업할 때 아르바이트를 해야 할까요? 하지 말아야 할까요?' 다양한 답변들이 달렸다. 이 질문의 대답으로 '당연히 해야 한다.'라고 말하고 싶다. 취업 준비할 땐 무조건 아르바이트를 하라고 권하고 싶다. 취업이라는 목표가 아르바이트를 지속할 수 있도록 이끌어줄 것이며, 반대로 아르바이트가 취업을 하는데 든든한 지원군이 되어줄 것이기 때문이다. 취업 준비를 할 때 아무것도 안 하면 오히려 더 무료해진다. 많은 시간을 확보한다고 모든 시간을 내가 원하는 대로 활용할 수는 없다. 우리는 이러한 사실을 인정해야 한다. 대부분 아르바이트 때문에 취업 준비할 시간이 부족하다고 말을 한다. 과연 그럴까? 막상 하던 아르바이트를 그만두고 더 많은 시간을 확보했다고 치자. 취업 준비에 모든 시간을 집중할 수 있을까? 나는 비슷하거나 오히려 더 못할 수도 있다고 생각한다. 미국의 발명가 토머스 에디슨은 이런 명언을 남겼다.

"변명 중에서도 가장 어리석고 못난 변명은 '시간이 없어서'라는 변명이다."

당신은 아르바이트 때문에 시간을 뺏기고 있는 게 아니다. 무의미한 시간을 흘려보내고 자투리 시간을 활용하지 못하기 때문에 시간이 없는 것이다. 인스타그램, 페이스북, 카톡, 정치 연예 기사, 유튜브 시청 등이 당신의 귀중한 시간을 갉아먹고 있다. 나는 시험을 준비할 때나 취업을 준비할 때면 유튜브는 물론이고 카톡까지 모두 삭제했다. 유혹하는 것이라면 모두 멀리했다. 무의식적으로 중독된 내 모습을 통제할 수 없었기 때문이다. 여러분에게 카톡도 삭제하고 유튜브도 삭제하라는 말은 아니다. 단지 여러분이 이런 시간만 통제할 수 있다면 아르바이트를 하면서도 충분히 원하는 결과를 성취할 수 있다는 말을 하고 싶은 것이다. 당신의 실패 요인이 아르바이트가 될 수는 없다는 의미다.

알바로 목표를 이루다

나 역시 취업 준비를 해봤지만, 취업에 드는 비용이 만만치 않았다. 지난 10월 취업 포털 인크루트에 따르면 최근 1년 내 구직 경험이 있는 회원을 대상으로 취업 사교육비 지출을 조사했다. 응답자의 61%가 '구직 과정에서 취업 사교육 이용 경험이 있다.'라고 답했다. 또한, 취업에 드는 평균 비용이 무려 342만 원이었다고 한다. 나 역시 그 정도는 쓴 것 같다. 토익 응시료만 44,500원이며 토익 스피킹은 무려 77,000원이다. 할 말이 더 있을까 싶다. 그 밖에 영어 관련 수업료, 자소서 첨삭, 인적성 인강, 모의 면접 등 어마어마한 취업 비용이 드는 게 현실이다. 요즘에는 토익 기숙학원까지 생겼다고 한다. 이러한 비용은 어떻게, 누가 마련해야 할까? 부모님이 끝까지 책임져줘야 할까? 기성세대 역시 사회 초년생들의 취업 비용이 본인들에게 부담이 된다고 답했다.

이제는 더 이상 아르바이트가 시간을 뺏는다고 생각해선 안 된다. 오히려 아르바이트 덕분에 여러분의 시간이 더 소중하게 쓰인다고 생각해야 한다. 나는 그랬다. 아르바이트를 하는 그 순간에도 '끝나고 빨리 취업 준비해야지!'라는 생각밖에 들지 않았다. 이러한 시간이 오히려 취업 준비에 쏟는 시간을 더 간절하게 만들었다. 짧은 시간이라도 좋다. 취업 준비와 병행하며 아르바이트를 하라고 권하고 싶다.

내가 아르바이트를 하며 학벌을 바꿀 수 있었던 스토리에 대해 잠시 공개할까 한다. 나는 약 1년 동안의 편입 준비가 실패로 끝났었다. 그 충격으로 다음 해 6개월 정도를 방황했지만, 나머지 6개월 정도를 아르바이트와 공부를 병행했다. 그 결과 편입에 성공할 수 있었다. 편입이라는 목표가 아르바이트를 하도록 이끌어주었고, 아르바이트가 편입 준비를 하는데 든든한 지원군이 되어주었기 때문이었다. 다행히 1년 동안 공부하며 정리했던 노트와 교재들은 다 가지고 있었다. 그때 당시 학원을 더 다니며 준비하는 건 무리였다. 그만한 형편도 되지 않았다. 보통 편입 시험은 연말부터 시작되는데 여름부터 본격적인 준비를 시작했다. 나는 중요한 시험이나 취업을 준비할 때면 편의점이나 카페 알바를 주로 활용했다.

매일 새벽 4시 30분에 기상했다. 일어나자마자, 전날 풀었던 리스닝을 복습해 다시 들었다. 보통의 편입 시험은 영어 듣기가 없지만, 몇몇 특정 대학에서는 토익 점수를 요구한다. 당시 이공 계열은 800점 이상은 받아야 합격선에 들어갈 수 있었다. 나는 전략적으로 이런 대학들을 목표에 두었다. 보통 새벽 6시 50분쯤 편의점에 도착했다. 7시부터 물건을 받고 정리하면 3시간이 훌쩍 지나갔다. 청소를 다 마치면 무조건 영어 단어장을 펴서 봤다. 주로 모르는 단어들 위주로 손바닥만 한 수첩에 적어서 외웠다. 편의점 특성상 손님들이 계속해서 들어오기 때문에 심도 있는 공부는 하기 어려웠다. 이렇듯 할 수 있는 범위 내에서 가장 효과적인 공부 방법을 찾으려 노력했다. 1시부터는 유튜브로 무료 토익 강좌들을 3번이고 4번이고 반복해서 봤다. 학원에 다닐 여유도 없었고 꽤 괜찮은 무료 강좌들도 많았기 때문에 유튜브를 많이 활용했다.

퇴근 전 20분 동안은 다시 한 번 빈 물건들을 채우고 정리를 했다. 그리고 3시가 되면 곧장 집으로 갔다. 나는 퇴근 후엔 항상 샤워를 했다. 샤워를 하면 하루를 다시 시작하는 느낌이 들어 공부에 집중이 더 잘 됐다. 그리고 4시가 되면 무조건 밖으로 나갔다. 이때부터 본격적인 공부가 시작된다. 일하면서 하지 못하는 공부들을 시작하는 것이다. 주로 몰입해서 하는 공부를 하거나 시간을 재고 문제를 풀었다. 그렇게 밤 11시가 되면 집으로 돌아와 무조건 잠들었다. 이렇게 6개월을 매일 똑같은 하루를 보냈다. 모든 걸 쏟아 부은 결과 건국대학교에 편입할 수 있었다. 이러한 목표가 있었기에 나는 아르바이트하는 시간을 충분히 활용할 수 있었다.

쓸 수 있는 시간이 많다는 것은 그만큼 낭비할 수 있는 시간도 많다는 것이다. 20대는 직장인이 되기 전 비교적 자유로운 시간을 많이 확보할 수 있는 위치다. 그만큼 그 시간을 어떤 식으로 활용하는지가 미래를 준비하는 데 큰 성패를 가른다. 아르바이트 때문에 하고 싶은 걸 못하는 게 아니라 아르바이트라도 하니까 내가 하고 싶은 걸 마음대로 할 수 있는 것이다. 아르바이트를 시작하기 전에 목표를 한번 만들어보는 건 어떨까. 그 목표가 여행도 좋고 시험도 좋고 취업도 좋다. 목표가 무엇이든 다 좋다. 분명 그 목표가 당신을 올바른 길로 이끌 것이다. 이렇듯 아르바이트는 성취하고자 하는 목표가 있을 때 지치지 않고 즐겁게 할 수 있다는 것을 명심하길 바란다.

알바신의 알바 꿀팁

작든 크든 목표를 세우고 아르바이트를 하라. 목표가 없는 아르바이트

는 오래가지 못한다. 정확한 목적성을 갖고 일할 때 당신은 아르바이트

를 즐길 수 있다.

365알바신공

나는 아르바이트로
인생을 배웠다

1

세상에 헛된 노력은 없다

지금 적극적으로 실행되는 괜찮은 계획이 다음 주의 완벽한 계획보다 낫다.
- 조지 S. 패튼

노력 없이 안 되는 세상

"노력이라는 건 대단한 게 없어요. 버티는 거예요. 매일매일 똑같은 일상에서 똑같은 일을 하며 평범함을 이기는 거예요."

나의 20대의 멘토, 유수연 강사의 말이다. 그녀는 2009년 당시 유명한 '1타 토익 강사'로 연봉 10억 골드미스이자 독설 여왕으로 불렸다. 나는 힘들 때마다 유수연 강사의 말을 들으며 동기부여를 많이 받았다. 그녀가 쓴 세 권의 책 『23살의 선택, 보이지 않는 곳에서 길을 찾다』, 『20대, 나만의 무대를 세워라』, 『독설』은 최소 다섯 번씩은 읽었다. 또한, 그녀가 출연한 여러 회차의 〈스타특강쇼〉는 시간 날 때마다 챙겨봤다. 힘들 때마다 그녀의 독설은 나에게 큰 힘이 되어주었기 때문이었다. 그리고 그녀가 정의한 '노력'이란 뜻을 지금도 가슴속 깊이 새기며 살아가고 있다. 나의 20대 시절 모든 시련을 버텨준 힘은 오직 '노력'밖에 없었다. 나는 이 말을 마치 신념처럼 여기고 매일 똑같은 일상에서 똑같은 일을 반복하며 평범함을 이기고 버텨왔다.

누구나 한 번쯤은 사는 게 너무 힘들고 어렵다고 느껴질 것이다. 나 역시도 20대를 보내오는 길이 쉽지만은 않았다. 스무 살을 시작할 때부터 그랬다. 나는 흔하디흔한 서울에 사는 지방대 출신 대학생이었다. 학벌 사회에서 지방대의 꼬리표는 나를 한없이 작게 만들었다. 스무 살 시절 가장 듣기 싫었던 말이 "어디 대학 다니세요?"라는 말이었다. 특히 새로운 모임에 나가거나 소개팅을 할 때면 더욱 움츠러들었다. '제발 학벌은 안 물어봐줬으면 좋겠다….'라고 생각했었다. 그렇게 시간이 지나면서 일종의 사회적 현상(?)으로 이런 질문을 하는 게 '실례'라는 분위기가 형성됐다. 그리고 잠깐 이러한 질문들이 뜸해지기도 있었다.

하지만 물어보나, 안 물어보나 나 스스로에게 큰 변화는 없었다. 어차피 나는 지방대 꼬리표를 달고 다니는 학생이었다. 이렇듯 나는 학벌 콤

플렉스가 굉장히 심했다. 가뜩이나 서울에 사는데 2시간씩 통학해야 한다는 사실이 너무 괴로웠다. 나는 학벌을 바꾸기로 결심했다. 이때부터 본격적인 '노력'이란 걸 시작했던 것 같다. 길고 긴 노력 끝에 나는 학벌을 바꿀 수 있었다.

학벌을 극복하니 이번에는 취업이라는 산이 또 한 번 나를 가로막았다. 취업 역시 중소기업, 중견 기업 꼬리표가 존재했다. 나만 그렇게 생각하는 거 아니냐고 말할 수도 있겠지만 그렇지 않다. 대한민국 청년이라면 누구나 대기업에 들어가길 원할 것이다. 그만큼 대기업이란 좁은 문을 뚫기 위해 많은 청춘이 청춘을 바치고 있다. 이는 매년 증가하는 실업률이 증명해주고 있다. 우리 사회에선 대기업이 아니면 "좋은 곳 잘 들어갔네!"라는 말을 듣기도 어려운 게 현실이다. "그렇게까지 사람들을 의식하면서 살아야 해?"라고 말할 수도 있겠다. 하지만 이왕에 사회생활을 시작하는 거, 더 나은 환경에서 근무하고 싶은 욕구는 누구나 다 같다는 걸 말하고 싶다.

나 역시 대기업에 들어가기 위해 또 한 번의 '노력'이 시작된 것이다. 편입도 물론 힘들었지만, 대기업에 입사하는 건 더 힘들었다. 총 4차 관문을 모두 통과한다는 게 너무 어려웠다. 3차까지 붙어도 4차에서 떨어지면 3차까지 했던 모든 노력이 증발해버렸다. 결과적으론 피나는 노력 끝에 취업에 성공할 수 있었다. 이렇듯 우리는 끝이 없는 노력을 해야 하는 현실에 살고 있다. 이제는 또 무엇을 위해 나의 '노력'을 투자해야 할지 고민 중이다. 노력 없이는 아무것도 얻을 수 없는 세상이기 때문이다.

노력으로 습관을 만들다

나는 아르바이트를 통해 노력을 배웠다. 하루 4개씩, 일주일에 6개씩 아르바이트를 할 수 있었던 비결 역시 '노력'에 있었다. 정확히 말하면 '꿈을 향한 노력'이었다. 아르바이트를 1년 이상 동안 매일 똑같은 시간에 매일 똑같은 일을 한다는 게 쉬운 일은 아니었다. 보통의 노력으로는 절대 할 수 없는 일이었다. 지겹도록 매일매일 반복해서 살았다. 일상에 특별한 건 전혀 없었다. 공부하고 알바하고, 또 공부하고 알바하고의 반복이었다. '언젠간 결과가 나오겠지…', '언젠가는 끝나겠지…' 하는 희망 고문을 버티며 자신과 싸움에서 이겨나갔다. 정말 미친 듯이 하루하루를 보냈다. 이러한 시기를 보내며 자연스레 노력을 배워가고 있었다. 하지만 이런 노력도 무작정할 수 있는 게 아니었다. 노력엔 반드시 계획이 선행되어야 했다. 꾸준한 노력은 철저한 계획에서 나온다는 걸 깨달았다. 내가 했던 것 중 가장 효과적인 방법을 공개할까 한다. 이 방법은 노력을 직접 눈으로 체크하며 채워갈 수 있다는 점이 효과적이었다. 바로, '66일 습관 달력'이다.

습관은 힘들이지 않고 노력할 수 있는 유일한 방법이다. 일단 노력을 통해 습관이 형성되면 무언가를 해야겠다는 생각도 전에 그 일을 하게 된다. 즉 적은 의지로 노력을 이어가는 방법이다. '66일 습관 달력'의 활용법은 공신으로 불리는 강성태 멘토의 저서『강성태 66일 공부법』에 자세히 수록되어 있다. 여기선 내가 활용했던 실제 경험을 토대로 간략하게 설명해볼까 한다. 먼저 왜 하필 66일인지 궁금할 것이다. 런던 대학교의 한 연구팀이 습관을 완성하는 데 얼마의 기간이 걸리는가에 관한 연구를 진행했는데 그 기간이 66일이었다고 한다. 평균치라 사람마다 다를 수 있지만 66일이면 충분히 습관을 만들 수 있다고 한다. 네이버 이미지에 '66일 습관 달력'을 검색하면 달력 하나가 보일 것이다. 이걸 인쇄하면 '66일 습관 달력'을 활용할 준비는 끝이다.

먼저 여러분이 습관으로 만들고 싶은 것을 '목표 습관' 칸에 구체적으로 적는다. 나는 실제로 '매일 팔굽혀펴기 30회', '인적성 1회 풀기', '수리 영역 10문제 풀기' 등을 하루 목표 습관으로 적었다. 다음으로 냉장고나 책상 위 등의 눈에 잘 띄는 곳에 붙였다. 문구점에서 스마일이나 별모양 스티커를 사서 목표 분량을 채웠을 때마다 붙이는 것이다. 스티커가 계속 붙어나가는 모습을 보며 나의 노력을 점검할 수도 있다. 또한, 습관이 형성되고 있는지도 확인할 수 있다. 3분의 1 정도를 붙이면 중간에 '습관화 시작'이라는 지점을 통과하게 된다. 이때부터는 포기하기도 아까운 순간이 생겨 계속하게 된다. 이렇듯 노력을 확인할 수 있는 '66일 습관 달력'을 활용해서 좋은 습관들을 만들어보길 바란다.

이처럼 구체적인 목표들을 항상 먼저 세우고 하루하루를 지켜나가며 노력을 만들었다. 이런 목표들을 설정해놓지 않으면 남는 시간에 무엇을 해야 할지 모르기 때문에 항상 낭비하는 시간이 생겼다. 나는 아르바이트를 정말 많이 했기 때문에 이러한 방법들과 노하우를 생각해낼 수 있었다. 어떻게 해서든 남는 시간을 생산적으로 활용하려는 일종의 몸부림이었다. 가끔 피곤하거나 힘들고 의지가 약해질 때도 하루 채울 분량의 목표를 생각하며 버텼다.

처음엔 누구나 목표 습관들을 지키기 어려울 것이다. 그래서 처음부터 무리하는 것보다 '자기 전 줄넘기 100개', '팔굽혀 펴기 20개', '영어 단어 20개 외우기' 등의 본인 수준에서 지키기 수월한 목표부터 정복해나가는 것이 중요하다. 뭐든지 도전하고 시도해보는 게 가장 중요하다. 시작이 반이라는 말도 있지 않은가. 작심삼일도 열 번이면 한 달이다. 누구나 처음엔 실패하고 무너진다. 여기에 절대 굴복해선 안 된다. 언젠간 분명 당신의 길이 활짝 열릴 순간이 찾아올 것이다. 그때만을 기다리며 끝까지 도전하고 꾸준하게 노력만 투입해주면 되는 것이다. 때를 기다리면 정상에 오를 기회가 분명 올 것이다. 노력하는 자가 마지막에 성공한다. 노력으로 넘지 못할 건 없다.

세상에 헛된 노력이란 없다. 아무런 노력도 하지 않았는데 어느 날 갑자기 성공할 수 있는 사람은 아무도 없다. 눈 딱 감고 머리 비우고 몸으로 움직여야 한다. 노력은 머리가 아닌 몸으로 하는 것이기 때문이다. 기회와 행운은 움직이는 자의 것이다. 지금 당장 뭐라도 시작해야 한다. '앞으로 무엇을 할 것이냐가 아니라 '지금 현재 어떤 일을 하고 있느냐가 여러분의 미래를 결정할 것이다. 생각은 시간이 흐를수록 사람을 나약하게 만든다. 짧은 기간에 목표한 것을 성취할 수 있는 사람들은 대부분 생각하는 즉시 바로 행동하는 사람들이다. 성공한 사람들을 보면 대부분 천재적 재능을 가진 경우보다 성실하게 노력한 경우가 압도적으로 많은 이유이기도 하다.

알바신의 알바 꿀팁

"노력이라는 건 대단한 게 없어요. 버티는 거예요. 매일매일 똑같은 일

상을 똑같은 일을 하며 평범함을 이기는 거예요."라는 유수연 강사의

말처럼 노력은 하루하루 쌓아가는 것이다. 노력은 꾸준할 때 엄청난 힘

을 발휘한다는 걸 기억하자.

알바신의 365 알바신공

2

나를, 타인을, 사회를
위한 책임감

우리가 할 수 있는 최선을 다할 때,
우리 혹은 타인의 삶에 어떤 기적이 나타날지 아무도 모른다.
-헬렌 켈러

책임은 최선을 다하는 것

영화 〈미 비포 유〉를 보면 이런 대사가 나온다.

"인생은 한 번이에요. 그러니 최대한 열심히 사는 게 삶에 대한 의무예요."

이는 하고 싶은 것도, 가고 싶은 곳도 없이 지금의 삶에 만족하는 '루이자'에게 '윌'이 현실에 안주하지 말고 자신의 꿈을 찾아 더 넓은 세상으로 나아가라고 말하는 장면이다. 불의의 사고로 전신이 마비된 '윌'이 그녀에게 진심 어린 충고를 하는 장면이기도 하다. 나는 이 장면을 너무 감명 깊게 봤다. 이 장면을 캡쳐해놓고 지금도 사진첩에 가지고 다닌다. 스스로 매 순간 최선을 다하고 있지 않은 것처럼 느껴질 때 이 대사를 보고 마음을 다잡기도 한다.

나는 아르바이트를 하면서 나를 위해, 가족을 위해 그리고 타인을 위해 책임감을 키워나갔다. 이렇듯 아르바이트를 통해 조금씩 책임감 있는 사람이 되어가고 있었다. 우리가 지켜야 하는 책임감들은 어떤 게 있을까? 정말 사소한 것부터 반드시 꼭 지켜야 하는 것까지 수많은 책임감이 있다. 아르바이트나 직장에서 지켜야 하는 매너도, 규칙도 내가 지켜야 할 책임이 되는 것이고, 나 스스로 지켜야 하는 약속이나 행동 역시 책임을 다해야 하는 일이다. 이렇듯 우리는 살아가는 데 작든 크든 많은 책임감을 안고 살아가고 있다. 이처럼 많은 책임감 중 내가 반드시 지켜야 한다고 생각하는 책임감은 다음과 같다.

첫째, 한 번뿐인 인생을 최고로 멋지게 살아야 하는 책임감
둘째, 스스로 했던 약속을 행동으로 끝까지 지키는 책임감
셋째, 부모님 은혜에 평생 보답해야 하는 책임감

여러분 모두 한 번뿐인 인생을 최고로 멋지게 살아야 하는 책임감이 있다. 멋지게 산다는 의미는 다양할 수 있지만, 꼭 외적인 것만을 말하는

건 아니다. 최고로 멋지게 사는 건 진심으로 본인의 삶에 만족하고 행복하게 사는 것이다. 하지만 많은 사람이 현실에 만족하지 못하는 삶을 살고 있다. '삶의 질 지수, 행복 지수 최하위권', '자살률 최상위권' 매년 발표되는 통계자료에서도 볼 수 있듯이 이런 사실이 우리에겐 너무 익숙하다. 올해 역시 우리나라의 '삶의 질 지수'는 OECD 조사 40개국 중 30위를 기록했다. 2017년 38개국 중 29위라는 순위와 비교했을 때 큰 변화가 없는 결과다. 주변만 봐도 이러한 현실을 느낄 수 있다. 월요일 아침만 되면 연일 단체 카톡이 울려댄다. '아, 출근하기 싫어.', '출근하기 너무 괴롭다….', '어떻게 또 일주일을 버티냐….' 등의 메시지가 쏟아진다. 본인이 하기 싫은 일을 하면서 자신의 꿈과 목표는 잊은 채 현실을 살아가고 있는 것이다. 마치 쉴 틈 없이 돌아가는 여러 개의 톱니바퀴 중 하나의 톱니가 되어 살아가고 있는 모습이다. 하지만 더 안타까운 건 톱니바퀴 하나의 역할도 안 된다는 것이다. 톱니바퀴는 하나라도 빠지면 작동이라도 안 되는데 이런 사람들은 언제든지 교체 가능한 대체 인력이 대기하고 있다.

흔히 직장인들을 '현대판 노예'라고 부르고 있다. 마치 직장인의 모습이 노예와 같다고 해서 붙여진 이름이다. 주인의 명령에 순종해야 하며 하기 싫은 일을 하며 오라면 오고 가라면 가는 모습에서 비슷한 것 같기도 하다. 나는 많은 사람이 더 이상 회사에 머물며 '현대판 노예'가 되어서는 안 된다고 생각한다. 그렇다고 회사에 다닌다고 다 '현대판 노예'라는 것은 아니다. 이것은 회사에 다니는 자신의 '접근 방법'과 '태도'의 문제다. 회사에서 어떤 비전을 갖고 어떤 계획을 수립하고 어떻게 실천해 나갈 것인지에 대한 확신과 믿음이 있어야 한다. 이를 실천에만 옮기면, 회사를 넘어 인생의 주인이 될 수 있다. 그러면 누구나 성공해서 행복하게 살 수 있고 뜻도 펼칠 수 있으리라 확신한다.

맡은 바 책임을 다하다

두 번째로, 스스로 했던 약속을 행동으로 끝까지 지키는 책임감이다. 먼저 이 질문을 하고 싶다. 여러분은 자신감 있는 사람인가? 혹은 "나는 자신감 넘치는 사람이야!"라고 자신 있게 말할 수 있는가? 나는 자신감이란 그저 당당하고 적극적으로 행동하는 것이라고 단순하게 생각해왔다. 그래서 자신감을 키우기 위해 자신감이 있는 것처럼 행동하곤 했다. 항상 당당하려하고 자신감 넘치는 척을 많이 했던 것 같다. 하지만 그건 자신감을 높이는 방법이 아니었다. 얼마 전 우연히 자신감을 높이는 방법에 대해 들은 적이 있었다. 우선, 자신감(自信感)이란 말 그대로 '스스로 자', '믿을 신', '느낄 감'을 써서 '자신을 믿는 감정'이다. 자신에 대한 믿음을 키우기 위해서는 우리는 어떻게 해야 할까? 그냥 믿으려 노력하면 될까? 기도를 드리면 될까? 아니다. 바로, 스스로 했던 약속을 행동으로 끝까지 지키는 것이다. 자신감은 이렇게 스스로와의 약속을 통해 키우는 것이다. 자신감 있는 사람이 되고 싶으면 스스로와의 약속을 철저하게 지키면 된다는 말이다. 비슷한 맥락에서 생각해보자. 우리는 언제 타인을 신뢰하게 되는 것일까? 상대방이 약속도 안 지키는데 그를 신뢰할 수 있을까? 친구 중에서도 약속을 지키지 않는 친구가 더 믿음이 가지 않는 이유다. 똑같이 나와의 약속을 지키지 않으면 나를 믿을 수 없다. 이는 곧 자신감을 떨어뜨리는 일이라는 것을 명심해야 한다. 타인을 대하는 것처럼 우리 자신을 대하는 것 역시 똑같다. 우리 역시 자신과 스스로 했던 약속을 끝까지 행동으로 지키는 책임감이 있어야 한다.

마지막으로, 부모님 은혜에 평생 보답해야 하는 책임감을 가져야 한다. 어떤 부모님이든 자식을 키우기 위해 엄청난 희생을 한다. 정말 힘들고 어려운 상황에서, 다 포기하고 싶은 상황에서도 자식 생각에, 한 번 더 버티는 것이다. 세상 모든 부모님은 존재 자체만으로 존경받아야 한다. 특히 나는 부모님을 보며 이런 생각이 더 확고해졌다. 두 분 모두 청소하는 일을 하셨기 때문이다. 세상 직업에 귀천이 어딨냐고들 말하지만 현실은 그렇지 않은 것 같았다. 아버지, 엄마 말을 듣고 있으면 일하는 환경이나 처우가 그렇지 못했기 때문이다. 심지어 나는 엄마와 함께 고등학교 복도를 청소하는 일까지 해봤기 때문에 얼마나 힘든지 더 잘 안다. 지금도 회사 건물에서 청소하시는 어머님들을 보면 마음이 더 쓰인다. 그럴수록 인사도 더 잘하고 음료도 사드린다. 이러한 생각을 가질 수 있었던 것도 아르바이트를 했기 때문이었다. 대부분의 아르바이트 일이 청소가 기본이니 항상 부모님 생각이 날 수밖에 없었다. 이렇게 고생하는 엄마를 위해 지금도 나는 최선을 다하려 노력하고 있다. 매달 100만 원씩 생활비를 드리고 있고 매년 여름, 겨울 한 번씩은 국내든, 해외든 여행을 꼭 가려고 한다. 가끔 엄마와 영화도 보고 칼국수도 자주 먹으러 다닌다. 최근에는 처음 베트남으로 해외여행도 다녀왔다. 굉장히 좋아하시고 주변에 자랑도 많이 하는 모습을 보니 기분도 좋고 뿌듯했다.

나는 아르바이트를 통해 많은 책임감을 키울 수 있었다. 나 자신을 위한 책임감, 사회에서 필요한 책임감, 타인을 위한 책임감 등을 배웠다. 아르바이트를 하게 되면 직접 몸을 쓰는 일이 얼마나 힘든지 알게 된다. 또한, 그 속에서 사람들을 상대하는 일이 얼마나 어렵고 힘든지도 알게 된다. 자연스럽게 본인을 되돌아볼 수 있는 시간이 될 수 있다. 이렇듯 아르바이트는 많은 측면에서 나에게 큰 도움이 되었다. 나는 20대가 가장 빨리 철드는 길은 '최대한 다양한 아르바이트를 해보는 것'이라고 말하고 싶다. 아르바이트 속에는 분명 인생이 담겨 있고, 교훈이 담겨 있다. 당신의 미래를 준비하는 데 아르바이트는 분명 큰 자산이 될 것이다.

알바신의 알바 꿀팁

세상엔 세상을 살아가기 위한 다양한 책임감이 있다. 아르바이트를 통해 이 모든 책임감을 배울 수 있다. 당신은 한 번뿐인 인생을 최고로 멋지게 살아야 하는 책임감이 있다.

3

세상에 공짜로
이룰 수 있는 꿈은 없다

오랫동안 꿈을 그리는 사람은, 마침내 그 꿈을 닮아간다.
- 앙드레 말로

알바로 가치를 사다

가장 근본적인 질문이지만 여러분에게 한번 물어보고 싶다. "우리는 왜 아르바이트를 해야 할까?" 그렇다, 바로 돈을 벌기 위해 아르바이트를 하는 것이다. 돈을 안 주는데 아르바이트를 할 이유가 있겠는가. 그건 봉사 활동이지 아르바이트가 아니다. 그럼 그다음 질문 역시 여러분에게 물어보고 싶다. "돈을 벌어서 무엇을 할 것인가?" 혹은 "돈을 벌어서 어디에 쓸 것인가?" 이 질문에 대한 답은 사람마다 다를 것이다. 혹자는 "친구들이랑 술 마셔야죠!"라고 답할 수도 있고, "등록금에 조금이라도 보탤 거예요."라고 답할 수도 있겠다. 또 누군가는 "제가 하고 싶은 걸 위해 쓸 거예요."라고 말할 것이다. 모두 본인이 추구하는 바를 위한 소비임은 분명하다. 어떻게 쓰든지 그건 개인의 선택이다. 쓰는 데는 잘한 것도 못한 것도 없다. 본인이 쓰고 나서 후회만 하지 않으면 되는 것이다. 당신이 돈을 쓰고 후회했다면 그건 당신을 위한 소비를 하지 못한 것이다. 예를 들면 이렇다. 친구들과 술을 진탕 마셨다. 매번 마시는 순간은 너무 즐겁고 행복하다. 하지만 다음 날 속도 쓰린데 휴대 전화엔 메시지가 하나 와 있다. '어제 술값 정산할게, 5만 원 계좌로 부쳐.' 그러면 속으로 '뭐야, 어제 그렇게 많이 마셨어?', '아이씨, 돈도 없고 조금만 마시려고 했는데….' 하며 후회를 하게 된다. 여러분도 이런 경험이 한 번쯤은 있을 것이다. 이렇게 후회하는 일만 없으면 여러분이 하고 싶은 것을 위해 쓰는 건 누가 뭐라고 해도 가장 현명한 소비가 될 것이다.

우리의 인생은 '가치'라는 재료를 꾸준하게 넣어줄 때 더 크게 발전할 수 있다. 보통 이러한 가치를 배우고 얻는 일은 돈으로 사고팔 수 있게 되어 있다. 우리가 배움을 얻기 위해 학원에 가는 것 역시 상대방의 가치를 사기 위해 가는 것이다. 조금이라도 나의 인생의 발전을 위해 상대방의 경험이라는 가치를 사는 것이다. 이렇듯 우리는 상대방의 경험과 노하우를 짧은 시간 동안 습득하고 그 대가로 돈을 내는 것이다. 이러한 이유에서도 가치를 사들일 돈이 필요한 것이다. 물론 쾌락을 자극하고 잠깐의 만족을 위해 돈을 쓸 수도 있다. 하지만 본인의 인생을 위해서는 이러한 '가치를 사는 일'에 많은 돈의 소비를 해야 한다는 것이다. 그래야 인생을 더욱 발전시킬 수 있기 때문이다. 결론은 이러한 가치를 얻기 위해서는 돈이 필요하다는 말이다. 그건 알바생, 직장인 할 것 없이 모두 해당하는 말이다. 스무 살 이후부터는, 혹은 개인 사정에 따라 고등학교 때부터는 스스로 돈을 벌 수 있는 나이다. 더 이상 본인의 인생은 부모의 탓도, 누구의 탓도 아니다. 본인 스스로 돈을 벌 수 있는 순간 그때부터 인생이 어떻게 되는가는 순전히 본인에 달려 있다.

청년들 사이에서 드림 워커로 유명한 김미경 강사를 모르는 사람은 없을 것이다. 강연을 너무 재밌게 잘하고 흡입력이 있어 나의 롤모델이기도 하다. 한때 김미경 강사의 유튜브에 푹 빠져 지낼 때가 있었다. 그중하나인 '청년, 불공정거래 하지 마라.'라는 주제의 세바시 강연 영상이 있다. 그때 강연했던 이야기가 아직도 기억에 남는다. 해당 영상의 시작 부분부터 약 2분까지의 내용이다.

"제가 고등학교 때 깨달은 진리가 하나 있어요. 뭐냐면, 인간은 열여섯살 이후는 부모 다 떼고 인간 기초 역량끼리 맞짱 뜬다, 다 붙어. 그래서 모든 인생은 부모 실력대로 안 풀린다. 자식 실력대로 풀린다. 이게 진리

알바신의 365 알바신공

예요. 부모 탓할 거 하나도 없어요. 자기 실력이에요. 열여섯 살 이후부 터는 다 우리끼리 맞짱 뜨고 사는 거라니까. 다 붙으라고."

이 이야기에 부연 설명을 보태면 이렇다. 김미경 강사는 증평에서 태 어나 청주로 그리고 서울까지 올라가면서 매번 충격을 받았다는 것이었 다. 올라갈수록 잘난 집에서 태어난 잘난 애들이 너무 많았고 학창시절 때 이런 애들 때문에 주눅이 들었다고 했다. 하지만 중요한 사실은 그런 잘난 애들의 잘난 아버지는 학교를 안 온다는 것이었다. (이 부분이 웃음 포인트다.) 애들만 학교에 보낸다는 것이었다. 그래서 자기가 상대할 애 들은 자기와 똑같은 16살 먹은 애들이고, 그들하고만 붙으면 된다는 사 실을 깨달았다는 그런 영상이었다.

나 역시 김미경 강사와 같은 마인드로 그렇게 살아왔다. 부모님 원망 을 해본 적이 없을 뿐더러 모든 결과의 책임은 나에게 돌려왔다. 과거의 실패에서 교훈을 찾으려 노력했다. 우리는 과거를 바꿀 수는 없지만, 과 거에서 배울 수는 있다. 결과가 원하는 대로 나오지 않을 때면 '내가 노력 이 부족했던 거야. 다음에는 더 노력해야겠다.'라고 자신을 다독였다. 때 문에, 그다음엔 이전보다 더 절실하게 노력하게 되었다. 원하는 게 있다 면 아르바이트를 해서라도 돈을 벌어 끊임없이 가치를 사들였다. 내가 목표한 게 있으면 목표로 가는 길에 필요한 무엇이든지 투자했다. 그리고 간절히 바라고 노력하니 실제로 이루어졌다.

알바를 해서 꿈에 투자하라

꿈을 향한 길에서 꼭 필요한 두 가지가 있다. 반드시 될 거라는 확고한 믿음과 노력이다. 도전하는 것을 두려워해서는 안 된다. 끊임없이 떨어지고 실패해도 포기만 하지 않으면 분명 그 속에 또 다른 길이 있고 교훈이 있다. 이렇듯 실패는 성숙을 낳기도 하지만 때로는 습관이 되기 때문에 하염없이 늘어져서도 안 된다.

내가 아르바이트를 4개씩, 6개씩 하면서 느낀 게 있다. 바쁘고 힘들고 괴로운 와중에 이루어진다는 것이었다. 항상 뭐든지 바쁜 와중에 이루어졌다. 정신이 하나도 없고 내가 잘하고 있는지 헷갈린 상태로 하루하루를 채워나갈 때 비로소 목표를 성취할 수 있었다. 이렇듯 꿈을 이루려면 머리보단 몸이 힘들어야 한다. 대부분의 사람이 머릿속만 전쟁터다. 실제 몸으로 전쟁을 치러야 하는데 머리로만 싸우는 것이다. 그러면 원하는 결과는 절대 얻을 수 없을 것이다. 이렇게 꿈을 향하는 길에는 전쟁하는 것만큼 수많은 시련과 역경이 잠재해 있다. 이런 것들이 두려워 머리로만 싸우면 안 된다는 것이다. 마치 전쟁터에 나가는 병사가 칼과 총이 무서워 숨어 있는 모습과 비슷한 것이다. 단언컨대 우리가 아무런 행동이나 노력을 하지 않고 그냥 얻을 수 있는 성취나 성공은 그 어디에도 없다. 꿈을 이루기 위해선 수많은 시련이 존재한다는 것을 이미 인정하고 들어가야 한다. 이렇게 생각해야 마음이 편하다. "나는 이 꿈을 반드시 이룰 거야. 그러려면 분명 수많은 시련이 있겠네. 절대 굴복하지 말아야겠다."라고 말이다. 이렇게 생각하면 시련이 닥쳐도 마음이 조금은 편안해진다. 나는 이러한 시련이나 역경, 괴로움이 찾아올 때마다 '신이 나를 트레이닝 시키는 과정'이라고 생각한다. 그러면 태연한 태도로 '이놈들을 넘어야 꿈을 이룰 수 있겠구나.'라고 받아들이게 된다. 당신에게 쉽게 이룰 수 있는 성취나 성공의 결과물은 없다.

아르바이트를 해서라도 우선은 돈을 벌어야 한다. 그리고 여러분이 하고 싶은 일에 과감히 투자하라. 아르바이트는 우리의 꿈을 실현해주는 최고의 지원군이다. 세상의 가치를 공짜로 얻으려 해서는 안 된다. 그 가치를 얻기 위해 하는 아르바이트라면 더욱 여러분에게 소중한 자산이 될 것이다. 나는 많은 가치를 얻기 위해 힘들게 번 돈을 과감히 꿈에 투자하였다. 그리고 그러한 시간이 모여 나의 인생을 기록하는 책까지 쓰게 되었다. 같은 고민으로 힘들어할 청년들에게 말하고 싶다. 아르바이트로 돈을 벌어 꿈꾸는 법을 배워라. 물론 그 길이 쉽지만은 않을 것이다. 하지만 그러한 시간이 하나둘씩 모여 결국에는 여러분이 정말로 간절히 꿈꾸는 삶을 살 수 있도록 이끌어줄 것이다.

알바신의 알바 꿀팁

아르바이트로 돈을 벌어 당신의 꿈에 투자하라. 세상에 공짜로 이룰 수 있는 꿈은 없다. 끊임없이 꿈을 위해 투자할 때 당신의 꿈을 이룰 수 있을 것이다.

4

나도 어디에선가
필요한 사람이다

자신이 될 수 있는 존재가 되길 희망하는 것이 삶의 목적이다
- 신시아 오지크

암울했던 학창시절

나는 대한민국 대표 열등생이었다. 중학교 때 첫 중간고사의 평균 점수는 59점이었고, 기말고사는 57점이었다. 그러나 노력으로 중학교를 졸업하기 전까지 평균 83점까지 받긴 했다. 고등학교 때도 크게 달라진 건 없었다. 항상 내신 성적을 받으면 성적표에는 5, 6, 7등급이 골고루 분포되어 있었다. 공부를 아예 놓은 것도 아니었으며 그렇다고 이른바 일진(?)에 속하는 학생도 아니었다. 나름으로 열심히 노력은 했지만, 성적은

안 나오는 그런 부류의 학생이었다. 문제의 시작은 고등학교 때부터였던 것 같다. 고등학교는 중학교와 다르게 굉장히 현실적이었다. 나는 고등학교에 대한 기억이 별로 좋지 않다. 고등학교 3년 내내 담임 선생님 중 기억에 남는 선생님이 단 한 사람도 없기 때문이다. 다들 나를 성적으로만 판단했다. 따뜻한 용기나 희망을 주는 조언 한 번 들려주었던 선생님이 한 명도 없었다. 지금 생각해보면 내가 느끼기에 사회보다 학교에서의 삶이 더 냉정했던 것 같다. 학교에서는 매번 우등생과 열등생으로 사람을 나누었다. 나는 항상 우등생을 열망하는 열등생일 뿐이었다. 매번 열등반으로 방과 후 수업에 참여하였다. 실제로 내가 다녔던 고등학교에서는 '우등반', '열등반'이 존재했다.

이러한 시스템은 마치 머릿속으로 '너는 꾸준히 열등생이야.'라고 계속 세뇌시키는 것만 같았다. 이렇듯 우리의 교육 현실은 학생들의 꿈과 희망보다는 오직 성적을 잣대로 획일화된 진로를 강제하고 있다. 조금이라도 그 대열을 이탈하면 '열등생, 지진아, 낙오자'라는 비난과 냉대가 쏟아지는 게 현실이다. 나는 절대 누구를 탓하려는 게 아니다. 이러한 현실 속에서 나를 찾으려 발버둥치던 내가 조금 가여웠을 뿐이다. 이렇듯 나는 성인이 되어 아르바이트를 하고 사회를 경험하면서 점차 밝아졌다.

성인이 되어보니 깨달은 게 하나 있다. 성장하고자 하는 사람에게 따뜻한 말 한마디가 굉장히 중요하다는 사실이다. 진심으로 용기와 희망을 주는 그 말 한마디가 그 사람의 인생을 송두리째 바꿀 수 있다는 사실을 말이다. 보통은 군대에서 잘해준 선임보다 못살게 굴었던 선임이 더 많이 기억난다고 한다. 하지만 나는 달랐다. 나는 나에게 용기와 희망을 주는, 잘해준 사람만 기억에 남는다. 중학교부터 고등학교에 다니면서 기억에 남는 선생님이라고는 중학교 2학년 때의 학교 담임 선생님과 고등학교 1학년 때의 학원 국어 선생님이 전부다. 이 두 분은 나에게 '너도 할 수 있다!'라는 용기와 희망을 주었기 때문이다.

나는 공부를 정말 잘하고 싶어 하는 열심히 노력하는 학생이었다. 고등학교 때 첫 번째 모의고사를 봤을 때다. 학원에서 채점하고 점수를 확인했다. 예상했던 것보다 너무 처참한 점수였다. 나는 노력한 만큼 점수가 나오지 않아 책상에 엎드려 울고 있었다. 국어 선생님은 나의 표정을 보셨는지 나에게 따뜻한 응원의 손편지까지 써주며 위로해주었다. 그 편지를 그날 바로 벽에 붙여놓을 만큼 감동적이었다. 나는 그 기억과 감정이 아직도 생생하다. 이렇게 학창시절의 나는 누군가의 따뜻한 응원을 간절히 원했던 것 같다. 지금은 그 선생님과 연락이 되지는 않지만 언젠간 반드시 그때의 감사함을 그녀에게 표하고 싶다. "선생님은 저에게 할 수 있다는 용기와 희망을 주셨어요! 정말 감사드립니다."

세상은 약자에게 한없이 냉정하다. 학교, 직장, 사회, 모든 곳이 약육

강식의 세계이다. 세상이, 그리고 사회가 요구했던 공부를 못했던 대가는 굉장히 혹독했다. 세상이 10대에게 바라는 것은 오직 좋은 대학뿐이었다. 좋은 대학에 들어간 애들과의 차이를 줄이기란 쉽지 않았다. 오히려 스무 살의 시작부터 그 차이가 매년 갈수록 벌어지는 느낌이었다. 어떻게 해서든 그 차이를 줄여야겠다고 생각했다. 이러한 경험을 통해 느낀 게 하나 있다. 내가 헛되이 보낸 시간은 훗날 반드시 더 큰 고통이 되어 분명히 다시 돌아온다는 것이었다. 그래서 시작한 게 남들이 놀 때 아르바이트를 하는 것이었고 공부를 하는 것이었다. 그렇게 나는 그 차이를 조금씩 줄여가려 노력했다.

알바로 희망을 찾다

내가 경험했던 대부분의 아르바이트 세상은 적어도 나를 평등하게 대해주었다. 나의 학벌이나 배경은 아르바이트를 하는 데 전혀 문제 되지 않았다. 내가 학벌 때문에 주눅 들 필요도 없었고 매사에 당당할 수 있었다. 그렇게 조금씩 나를 표현하기 시작했고 표정도 밝아지기 시작했다. 아르바이트를 하면서 평생 받지 못했던 칭찬도 받기 시작했다. '안 시켜도 알아서 척척 잘 하네.', '성실하고 책임감 있네.' 등의 칭찬을 받으니 '나도 어디에선가 필요한 사람이 될 수 있구나.'라는 사실을 알게 되었다. 칭찬은 고래도 춤추게 한다고 하지 않는가. 나는 더욱 인정받기 위해 더 열심히 아르바이트를 했다. 칭찬의 선순환 구조를 아르바이트를 통해 처음 깨달았다. 이렇듯 아르바이트는 나에게 '할 수 있다.'라는 용기와 희망이 되어주었다. 지금도 나는 어디에선가 '필요한 사람'이 되기 위해 열심히 살아가고 있다. 소중한 사람들로부터 희망을 얻었던 것처럼 나 역시 누군가의 희망이 되고 싶다. 내가 겪었던 경험들과 고민으로 많은 사람의 이야기를 들어주고 해결해주는 사람이 되고 싶다. 지금까지는 나의 꿈이나 최종 목표 등이 두루뭉술하게 흩어져 있었다. 정확하게 그려지지 않았다. 분명 최종 목적지로 가고 있다는 느낌은 들었지만, 그 구체적인 방법을 알지 못했다.

그러던 중에 어느 날 우연히 임원화 작가의 『하루 10분 독서의 힘』을 읽게 되었다. 책의 내용은 독서의 중요성에 관한 내용도 많았지만, 책을 썼을 때의 인생 변화에 관한 내용도 많았다. 독자에서 저자로 삶을 이동하여 더 큰 세상을 경험하라는 것이 주 내용이었다. 그렇게 나는 전혀 생각하지도 못한, 계획에도 없었던 책을 써야겠다는 다짐을 하게 되었다. 책의 마지막 부분에는 그녀를 작가로 만들어준 사람이 소개되어 있었다. 바로 〈한국책쓰기1인창업코칭협회(이하 한책협)〉의 김태광 대표였다. 나는 무언가에 홀리듯 그날 바로 〈한책협〉 카페에 가입했다. 카페에 들어가자마자 엄청난 이력에 놀랐다. 본명은 분명 김태광인데 카페에서는 김도사로 소개되어 있었다. 23년간 200여 권의 책을 집필하고 8년간 900여 명의 작가를 배출한 말 그대로 책 쓰기의 도사였던 것이다. 그래서 지어진 별명이라고 했다. 〈한책협〉에 들어가보면 가장 많이 볼 수 있는 문구가 "성공해서 책을 쓰는 게 아니라 책을 써야 성공하는 것이다."였다. 지금까지의 나의 선입견과 생각이 한순간에 깨졌다. 마치 책은 성공한 사람들만이 쓰는 전유물 같은 느낌이었다. 하지만 〈한책협〉은 달랐다. "책에다 여러분의 지식과 경험, 그리고 삶의 깨달음. 어떤 것에 대한 원리와 비법, 지혜를 담으십시오."라며 "너도 책 쓸 수 있어."라는 용기와 희망을 주었다. 〈한책협〉과 김태광 대표를 만난 건 하늘이 주신 기회라고 생각했다. 나는 또 한 번의 희망을 품고 책을 집필하는 중이다.

지금도 나는 희망을 품고 하루가 다르게 성장하고 있다. 희망은 자신을 믿어주는 주인을 절대 배신하지 않는다. 이제부터라도 희망을 한번 믿어보길 바란다. 희망은 분명 여러분에게 될 수 있는 길만 안내할 것이다. 희망을 품고 살아가다 보면 분명 운명적인 기회와 당신이 만나 당신의 인생을 완전히 바꿔놓을 날이 올 것이다. 지금 자신의 처지가 너무 절망적이라고 생각하고 있지는 않은가? 그러면 이렇게 생각해보는 건 어떨까? '나는 지금 밑바닥이어서 올라갈 길이 있으니까 즐거워. 나는 앞으로 채워가야 할 것도 많으니 더 재미있을 것 같아. 계속 올라가고 있는 느낌이 좋은걸?'

참으로 허무맹랑한 소리처럼 들릴 수도 있겠다. 하지만 이렇게라도 희망적인 생각을 해야만 당신의 인생도 희망차게 변한다는 사실을 명심하길 바란다.

알바신의 365 알바신공

알바신의 알바 꿀팁

인생은 그 누구도 아닌 자신이 직접 찾으려 할 때 비로소 어떻게 살아야

할지 보인다. 상황이 절망적이고 마음에 들지 않을 때일수록 스스로 삶

을 찾으려 노력해야 한다. 아르바이트로 희망을 찾아라. 아르바이트는

당신이 스스로 설 수 있도록 해주는 유일한 무기다.

5

언제까지나 기대어
살 수는 없다

인생이란 학교에는 불행이란 훌륭한 스승이 있다.
그 스승 때문에 우리는 더욱 단련되는 것이다.
- 프리체

알바를 통해 성장하다

나는 태어나고 스무 살까지는 부모님 손에서 자랐다면, 스무 살부터 지금까지는 아르바이트 손에 자랐다. 그렇게 아르바이트는 스무 살 이후부터는 나의 전부나 다름없었다. 아무것도 모르는 스무 살 시절 아르바이트를 통해 예절과 매너 그리고 에티켓을 배웠다. 윗사람을 대하는 예절, 고객을 대하는 예절, 일하는 곳에서의 예절 등 많은 소양을 갖추게 되었다. 지금 나의 성격이나 성향도 학교에서 배운 것보다 아르바이트를 통해 실전 경험으로 배운 것이 많다. 아르바이트는 처음부터 끝까지 모든 걸 가르쳐주었다. 마치 성인 학교나 인생 실습 학교 같은 느낌이었다. 인생을 배우는 데 알아야 할 것들이 너무 많았다. 나는 스무 살부터 모든 걸 다시 배웠다. 지각 전엔 반드시 전화해야 하는 것부터, 10분 전엔 출근하기, 매뉴얼대로 하기, 그만두기 한 달 전에 말해주기 등 사회에서 필요한 예절들을 하나씩 배워나갔다. 그뿐만 아니라 청소, 배달, 설거지, 재료 손질, 서빙, 세차, 막노동, 커피 제조 등의 일을 하면서 배웠던 실전 경험은 일상에 필요한 모든 역량을 키워주었다. 덕분에 나는 누구보다 자립심이 강하고 적극적인 사람이 되었다. 집에서 역시 청소, 설거지, 빨래, 음식물 쓰레기 비우기, 선풍기 닦기 등 많은 집안일을 알아서 척척 잘한다. 내가 생각하기에도 생활력 하나는 정말 강한 것 같다. 아마 어딜 가도 절대 굶어 죽을 일은 없지 않을까 싶다. 이 모든 게 아르바이트를 했기에 가능한 일이었다.

나는 아르바이트를 '인간 개조의 용광로'라고 표현할 정도로 사람을 바꾸는 데 아르바이트만 한 게 없다고 생각한다. 특히나 이제 막 사회에 진출한 20대에게 있어서는 아무리 강조를 해도 지나치지 않는다. 아르바이트의 수많은 장점은 이 책을 읽어온 여러분이 더 잘 알 것이다. 별 볼일 없었던 나를 이렇게까지 바꿔놓을 수 있었던 건 정말 아르바이트밖에 없었다. 우리 집이 너무 부유해 아르바이트를 하지 않았다면 지금의 나는 없었을 것이다. 아르바이트를 하면서 깨지고 구르고 해서 단단한 내가 탄생한 것이다. 인간은 시련이 많을수록 외면뿐만 아니라 내면까지도 강해진다. 그러므로 '인생이 암울하다. 인생 포기하고 싶다.' 등의 한탄할 필요도 없다. 이런 힘든 경험들이 오히려 당신을 더욱 강하게 하기 위한 일종의 장치라는 것을 알았으면 좋겠다. 힘들 때마다 세상에 욕 한번 시원하게 날려주면 되는 것이다. 그래도 잘 안 풀린다면 아르바이트라도 죽도록 해보는 것이다. 집에서 쉬고 가만히 있어봤자 변하는 건 절대 없다. 당신 스스로만 한없이 무기력해지고 무료해질 뿐이다. 자꾸 아무것도 안 하니까 쓸데없는 잡생각이 나는 것이다.

계속 강조해서 말하지만 20대가 가지고 있는 자산은 오직 시간밖에 없다. 먼저 돈을 벌 수 있을 만큼 당신의 시간을 아르바이트에 투자해서 돈을 벌어보길 바란다. 그다음 번 돈을 어떻게 해서든 당신의 인생을 발전시킬 것들에 과감히 재투자하라. 당신의 인생을 빛나게 할 가치에 투자하라는 말이다. 이것이 당신을 가장 빠르게 변화시킬 유일한 방법이다. 돈이 있어야 하고 싶은 것도 자유롭게 할 수 있다는 점을 명심하자.

물론 이러한 방법이 쉬운 일이 절대 아니다. 일하기는 싫고 놀고는 싶고, 힘든 건 싫고 그냥 편하게만 있고 싶은 게 우리 마음이다. 그렇다고 현실에 안주하면서 평생을 똑같은 모습으로 살아갈 수는 없지 않은가. 인생의 갈림길에서 선택을 단호하게 하라는 것이다. 이것도 아니고 저것

알바신의 365 알바신공

도 아닌 그런 애매모호한 태도가 여러분의 인생을 망치는 것이다. 더 나은 인생을 살기 위해서는 잠시 동안만이라도 과감한 시간을 투자해야 한다. 이 과정에서 엄청난 희생을 한 번쯤은 버려야 한다는 것이다. 이미 두 갈래의 길에서 A라는 인생을 택했는데 자꾸만 B인생을 집적대고, 또는 B라는 인생을 택했는데 A라는 인생에 집적대면 안 된다는 것이다.

알바로 세상을 바라보다

아르바이트를 하루에 4개씩, 일주일에 6개씩 하면서 가장 힘든 게 있었다. 바로 '사람 냄새'였다. 나는 평일마다 편의점 알바를 마지막으로 퇴근하고 집에 오는 길이 가장 외롭고 힘들었다. 수많은 식당에서 사람들이 술 마시며 웃고 떠드는 모습이 그렇게 부러웠다. 당장이고 친구들한테 연락해서 놀자고 하고 싶었다. 나도 그저 아무런 걱정 없이 웃고 떠들며 시간을 보내고 싶었다. 하지만 끝내 나는 그렇게 하지 않았다. 다시 제자리로 돌아갈 게 뻔했고 두려웠다. 내가 연락을 했다면 분명 또다시 다른 인생에 집적대는 그런 모습이었을 것이다. 연락했다면 즐거운 시간은 보낼 수 있었겠지만, 마음 한편으로는 걱정과 불안함이 가득했을 것이다. 후폭풍이 두려웠다. 그래서 악착같이 참고 버텼다. 지금 사는 게 힘들고 어렵다는 거 다 안다. 친구랑도 놀고 싶고 애인도 만들어서 데이트도 하고 싶을 것이다. 하지만 그러한 황금 같은 시기가 계속 늦춰지는 이유는 그 '애매한 태도' 때문이라는 것을 명심하길 바란다. 딱 짧으면 6

개월에서 1년, 길면 2년 동안 독하게 내 인생을 세울 시기가 꼭 필요하다는 것이다. 재벌이 아닌 이상 말이다. 악착같이 한번 참아 내고 더 멋있는 모습으로 사랑하는 사람들에게 빨리 돌아가는 게 최선의 방법이다.

나는 앞으로의 인생을 어떻게 살아야 할지 아르바이트를 통해 배워나갔다. 또한, 아르바이트를 하면 나뿐만 아니라 타인을 위해서도 어떻게 살아야 할지 생각해볼 기회가 주어진다. 이렇듯 아르바이트는 '보이지 않는 세상을 보게 해준다는 것'이다. 세상 무슨 일이든 내가 몸소 경험하고 체험해봐야 그 일에 대해 자세히 알 수 있는 것이다. 사랑도 한번 해본 사람이 사랑에 대해 알 수 있는 것처럼 말이다. 아르바이트도 같은 이치다. 내가 설거지도 해보고, 서빙도 해보고, 막노동도 해봐야 그 일이 얼마나 힘들고 열악한지 알 수 있는 것이다. 나는 이렇게 청소, 주방일, 서빙, 막노동을 하면서 이러한 일을 하는 사람들이 얼마나 힘들게 일하고 있는지 뼈저리게 느낄 수 있었다. 그래서 나는 길에서 청소하시는 분이나, 막노동하시는 분들을 보면 그냥 지나치기가 어렵다. 매번 마음이 쓰이기 때문이다. 그들을 위해 내가 할 수 있는 건 없나 고민하기도 한다. 추운 날 재활용 분리수거를 하시는 분들에게 따뜻한 캔커피를 사서 드리기도 했고, 식당에 가면 이모님들이 조금이라도 치우기 편하시라고 최대한 한 곳에 깔끔하게 정리를 하고 나온다. 얼마 전에는 집 근처 공사장에서 일하던 인부 4명이 집 주차장에서 더위를 피해 쉬고 있었다. 나는 그냥 지나칠 수가 없었다. 그래서 집으로 들어가 시원한 두유를 4개를 챙겨 다시 내려갔다. "안녕하세요! 더운데 고생 많으십니다. 이거 한 개씩 드시고 하세요!"라고 말하며 음료수를 건넸다. 네 분 모두 너무 놀라시며 "아이고, 고맙습니다. 잘 먹을게요!"라고 웃으며 말했다. 너무 뿌듯했고 기분이 좋았다.

내가 이렇게 할 수 있는 건 오직 내가 그 일을 해봤고 얼마나 힘든지 알기 때문이다. 무더위에 건설 쪽 일을 한다는 건 숨이 턱턱 막힐 정도로 힘들다. 잠깐이라도 시원한 음료를 마신다는 게 얼마나 큰 힘이 된다는 걸 알고 있기 때문이다. 또한, 길에서 청소나 재활용하는 분들은 아버지를 통해 그 일이 얼마나 힘든지 알고 있었다. 식당 역시 주방이나 서빙 일을 하면서 접시나 식기를 한곳에 모아주는 게 얼마나 큰 힘이 되는지 잘 알고 있기 때문이다. 이렇듯 아르바이트는 보이지 않았던 세상을 볼 수 있게 해준다.

얼마 전 인터넷 기사로 너무 슬프고 참담한 소식을 들었다. 서울의 한 대학교에서 67세 청소 근로자가 숨진 것이었다. 사고 원인 중 하나로 제대로 쉴 곳조차 없는 열악한 작업 환경이 지목됐다고 한다. 실제 쉬었던 휴게실에는 창문과 환풍기조차 없었다. 벽에 달린 선풍기가 전부였다. 나는 남 얘기가 아닌 것 같아서 더 마음이 아팠다. 엄마 역시 돌아가신 분과 나이도 같고 같은 청소 근로자로 그런 생활을 하고 계실지 모른다는 생각이 들었기 때문이다. 이러한 기사를 볼 때마다 너무 가슴이 아프다. 이런 분들을 위한 처우 개선이 하루빨리 되었으면 좋겠다. 나 역시 더 크게 성공해서 이런 분들에게 도움이 되고 싶다.

인생을 살아가는 데 기본적인 소양이 될 수 있는 건 모두 아르바이트로 배웠다. 말 그대로 아르바이트를 통해 인생을 배운 것이다. 아르바이트를 하면 정말 다양한 경험을 할 수 있다. 세상을 바라볼 수 있는 눈이 생긴다는 것이다. 내가 어떻게 살아가야 할지가 보이고 타인들이 어떻게 살아가고 있는지가 보인다. 나는 여러분에게 자신 있게 말할 수 있다. 아르바이트는 분명 여러분의 삶을 성장시키는 데 그 역할을 충분히 할 것이라고. 힘든 상황과 사연 많은 자신을 구원하는 방법은 결국 스스로 강해지는 것밖에 없다. 아르바이트로 먼저 나를 세워야 한다. 아르바이트를 해서 돈을 벌어야 내가 하고 싶은 것도 자유롭게 할 수 있는 것이다. 이처럼 아르바이트는 여러분이 인생을 살아가는 데 든든한 조력자로 부족함이 없다.

알바신의 알바 꿀팁

누구도 당신을 언제까지나 이끌어주지 않는다. 인생은 좋아도 싫어도 죽을 때까지 스스로 이끌어가는 것이다. 아르바이트는 우리 스스로 자립할 수 있도록 도와주는 유일한 지원군이다.

6

나만의 스토리는
무엇보다 가치 있다

경험을 현명하게 사용한다면, 어떤 일도 시간 낭비는 아니다.

- 오귀스트 르네 로댕

나만의 스토리를 만들어라

그야말로 스펙에 미친 세상이다. 중학생, 고등학생은 대학을 가기 위해 일명 '학종(학생부종합전형)'이라 불리는 경쟁에서 우위를 점하기 위해 조기부터 스펙 쌓기에 혈안이 되어 있다. 그렇게 대학교에 들어가면 대기업에 가기 위해 또다시 학점, 인턴, 토익, 오픽, 공모전, 해외 유학, 봉사 활동 등의 스펙 쌓기에 모든 인생을 쏟아붓는다. 세상이 우리에게 요구하는 기준이기에 우리는 맞출 수밖에 없다. 스펙을 쌓는 목적은 다른 게 없다. 오직 사회가 원하는 그 '기준선'에는 올라타야 하기 때문이다. 그 기준에도 못 미치면 1차 관문조차 통과할 수 없기 때문이다. 그게 우리의 현실이다. 많은 청춘이 세상이 요구하는 스펙을 쌓기 위해 소중한 시간을 소비하고 있다. 굳이 본인과 관련이 없는데도 무의미한 스펙을 취득하려 하는 것이다. 예를 들어, 영어를 정말 못하는 사람이 토익에서 900점을 맞기 위해 토익 기숙사 학원까지 다니는 그런 현상 말이다. 여기서 문제는 취업하는 데 다양한 길이 있음에도 모두 한 가지 길로만 가려 한다는 점이다.

하지만 기업들 입장은 그렇지 않다. 인사 담당자 100명을 인터뷰한 내용을 봤는데 대기업일수록 인재를 다양한 방법으로 채용하려는 경향이 크다고 들었다. 보통 신입사원을 몇 명 뽑겠다고 공지를 하면 이중 인서울 40%, 지방 국립대 30%, 자기만의 색깔이 있는 사람 30%씩 골고루 뽑는다고 한다. 이는 정확한 수치가 아닌 평균 수치를 말하는 것이다. 많은 사람이 인서울 40%에만 들어가려고 하니 취업이 되지 않는 것이다. 가장 경쟁률이 높은 곳이니 스펙을 쌓아도 취업이 안 되는 이유다.

스펙이 애당초 부족하다면 밖으로 눈을 돌려야 한다. 다양한 경험을 해야 한다는 것이다. 즉 인서울 40%에서 벗어나야 한다는 것이다. 이 영역을 벗어나는 순간 저 40%에 속한 이들은 더 이상 경쟁자가 아닌 것이다.

우리는 자기만의 색깔이 있는 30%의 사람이 되어야 한다. 인서울 40% 의 길이 힘든 만큼 30%의 길 역시 쉬운 길은 아니다. 오히려 더 어려울 수도 있다. 가끔 이상한 사람들이 있다. 학벌도 안 되고, 어학 점수도 없고, 학점도 낮은데 취업이 안 된다고 찡찡대는 사람들 말이다. 아무것도 안 하면서 취업 안 된다고 하는 사람은 다 나쁜 심보를 가진 사람들이다. 이러한 사람들은 먼저 뭐라도 하고 불만을 표하길 바란다. 스펙으로 안 되거나 부족한 이들에게 자신만의 색깔이 있는 사람인 30% 영역을 노려 보라는 것이다. 이를 위해 몸으로 할 수 있는 다양한 활동은 필수다. 자기만의 색깔이 있는 사람인 30% 영역에 들기 위해서는 응모전이나 광고 전, 공모전을 많이 하거나 다양한 인턴 경험을 통해 다양한 실무 경쟁력 을 갖고 있어야 한다. 그 밖에 다양하고 많은 아르바이트 경험을 통한 자기만의 특별한 색깔이 있으면 더 유리하다.

취업할 때도 이러한 전략을 잘 수립하고 접근해야 한다. 인서울 40%와 지방 국립대 30%에도 들지 않는데 계속 이곳에만 들어가려 하니 이것도 안 되고 저것도 안 되는 것이다. 이제 우리는 이 30%에 속하기 위해 전략 적으로 스펙을 준비해야 한다. 나는 그래서 인턴이나 기업 관련 아르바 이트를 하라는 것이다. 거기에서 특별한 자신만의 경험을 통해 현업 관 계자로부터 인정만 받는다면 취업의 길은 쉽게 열 수 있다는 것이다.

예를 들어 직무마다 다를 수는 있겠지만, 관리자 직무를 꿈꾸는 사람이라고 가정해보자. 나는 평소 아르바이트를 할 때면 고객의 불만이나 클레임에 대해 항상 예민하게 반응하는 매니저의 모습을 볼 수 있었다. 그만큼 관리자들은 고객들과의 문제를 얼마나 잘 풀어가느냐가 그 사람의 역량을 보여주는 것이었다. 그래서 나는 고객들의 불만이나 클레임이 알바생에게는 오히려 '기회가 될 수도 있겠구나.'라는 생각을 많이 했었다. 보통은 알바생들이 고객의 불만이나 클레임을 해결할 기회가 많다. 알바생이 해결할 수준을 넘어갔을 때 보통 매니저나 점장에게 보고하는 시스템이다. 만약 매니저나 점장에게 보고 전에 알바생 선에서 이를 잘 해결하면 현업에 종사하는 관리자로부터 크게 인정을 받을 수가 있는 것이다. 거기에 추가로 고객의 만족스러운 답변을 얻어낸다면 금상첨화다. 이렇듯 아르바이트를 하면서 자신만의 색깔을 나타낼 수 있는 경험이 많을수록 취업의 문이 쉽게 열리는 것이다.

경험이 스펙이 되는 시대

두 번째로, 알바생들 스스로 특정 퍼포먼스를 통해 매출 상승에 기여할 수도 있다. 이러한 기회들을 많이 활용할수록 자신만의 색깔이 있는 스토리를 더 많이 만들 수 있다는 것이다. 예를 들면 이런 것이다. 보통 편의점이나 올리브영 같은 드럭 스토어 같은 경우 본사에서 끊임없이 신제품이 내려온다. 이런 기회를 살려 본인이 '얼리어답터'가 되는 것이다.

'얼리어답터'란, 'early'와 'adopter'의 합성어로 제품이 출시될 때 가장 먼저 구입해 평가를 한 뒤 주위에 제품 정보를 알려주는 소비자군을 말한다. 이러한 신제품이 나올 때 상품의 효과적인 진열에 기여해서 매출을 상승시키거나 자신의 SNS를 통해 신제품을 알려 해당 점포에 매출을 상승시켰다면 이는 환상적인 자기만의 스펙이 될 수 있는 것이다. 이렇듯 아르바이트로 할 수 있는 수많은 스펙의 길이 있다. 이를 찾아서 자신만의 스토리를 끊임없이 쌓아가는 게 취업을 향한 최고의 지름길이다. 말 그대로, '아르바이트가 최고의 스펙'인 것이다.

'아르바이트가 최고의 스펙이다.'라고 말하는 또 다른 이유가 있다. 나는 아르바이트 경험을 토대로 콘텐츠를 전달하고 있는 '갓대의tv'를 운영하고 있는 유튜버이기 때문이다. 말 그대로 아르바이트라는 콘텐츠로 유튜버라는 스펙을 얻은 것이다. 이렇듯 아르바이트 경험은 나에게 유튜브로 활용할 콘텐츠가 되어주었다. 이만한 스펙이 또 어디 있겠는가? 이처럼 내가 10년 동안 쌓아온 아르바이트 경험들을 많은 사람들과 공유하는 중이다. 또한, 내가 아르바이트를 하면서 알게 된 지식이나 깨달음, 원리나 비법 등을 필요로 하는 사람들에게 쉽게 전달하고 있다. 이제는 정말 경험의 시대가 왔다. 한 사람의 고유한 경험이 가치가 되고 돈이 될 수 있는 시대다. 아르바이트 경험이 취업을 위한 최고의 스펙이 될 수도 있겠지만 이렇게 유튜브 콘텐츠로도 쓰일 수 있는 것이다. 아르바이트 하나만을 하면서도 1인 브랜딩을 할 수 있는 시대까지 오게 된 것이다. 여러분 역시 본인만의 특별한 아르바이트 경험을 유튜브를 통해 공유해보자.

세상은 이전과는 다르게 많이 변했다. 책상에 앉아서 공부만 했던 사람은 더 이상 원하지 않는다. 나는 많은 사람이 쫓고 있는 그 스펙만이 전부는 아니라는 말을 하고 싶다. 세상은 직접 경험하지 않으면 알 수 없는 당신만의 소중한 스토리를 원한다. 방구석에만 있으면서 자기를 알아주지 않는 세상을 탓하거나 기회가 저절로 굴러들어 오기를 바라는 사람이 되어서는 안 된다. 세상이 변한 만큼 어떻게 해서든 밖으로 나가 무슨 일이든 해야 한다. 다시 한 번 말하지만, 이제는 자신만의 고유하고 특별한 경험이 가치가 되고 돈이 되는 시대다. 이렇듯 경험을 한다는 것 자체가 중요하다는 의미다. 그중 20대에게 가장 투자 가치가 높은 경험은 아르바이트 스펙을 쌓는 것이라고 말하고 싶다.

알바신의 알바 꿀팁

아르바이트는 당신이 활용할 수 있는 만큼 그 가치를 발휘한다. 당신의

아르바이트 경험은 그 어떤 스펙보다 강하다. 당신만의 스토리를 만들

어라!

7

누군가에게
도움을 줄 수 있다

실수를 해보지 않은 사람은 한 번도 새로운 일을 시도해보지 않았던 사람이다.
- 알버트 아인슈타인

기회는 반드시 온다

나는 아르바이트에 대한 인식을 바꾸고 싶었다. 단순히 돈만 벌기 위
해 해야 하는 아르바이트가 아닌 그 이상의 가치가 있다는 것에 대해 꼭
말해주고 싶었다. 20대의 소중한 청춘을 돈만 버는 아르바이트를 하는
데 투자하기엔 청춘이 너무 아깝지 않은가. 이렇듯 아르바이트에 대한
인식을 바꾸면 여러분에게 더 많은 기회가 올 것이란 걸 꼭 알려주고 싶
었다. 아르바이트는 20대에 청춘을 걸어볼 만큼 해볼 만한 가치가 있다

고 생각한다. 나는 아르바이트를 통해 꿈과 희망을 얻기도 했고 노력과 책임감도 배울 수 있었다. 심지어 인생까지 배웠다. 그 밖에 너무나도 많은 것을 아르바이트를 통해 얻을 수 있었고, 배울 수 있었다. 이렇듯 아르바이트는 20대가 접할 수 있는 최대한 많은 경험을 쌓을 수 있는 가장 좋은 수단이다. 또한, 아르바이트를 통해 자신의 내면을 파악할 수 있다. 진정한 나를 찾고 싶은 20대라면 다양한 알바를 통해 '알바 스펙'을 쌓으라고 말해주고 싶다. 그러면 자연스럽게 자신이 누구인지 알게 될 것이다.

대한민국에서 20대로서, 알바생으로서 살아간다는 게 쉽지만은 않았다. 아르바이트 말고도 해야 할 것들, 챙겨야 할 것들이 너무 많기 때문이었다. 아마 많은 청춘이 시간과 돈이라는 문제 앞에서 많은 고민을 했을 것이다. 나 역시 그랬다. 무언가를 준비하기에 시간도 필요했지만, 돈도 필요했다. 시간이 필요한 상태에서 아르바이트까지 하게 되니 돈은 벌 수 있는데 시간이 부족했다. 이런 딜레마 속에서 돈을 벌어야 할지 시간을 벌어야 할지 깊은 고민을 했다. 결국, 그 속에서 돈도 벌고 시간도 버는 나만의 노하우를 찾아 두 마리 토끼를 모두 잡긴 했지만, 그 길이 절대 쉽지만은 않았다. 시간과 돈 이외에 많은 것들을 포기해야 했기 때문이다.

지금 아무리 가진 것이 없어도 열심히 경험을 쌓고 노력하면 기회는 반드시 올 것이다. 더 이상 결론도 나지 않는 고민에 빠져 허우적거리며 시간을 낭비해서는 안 된다. 무조건 움직여라. 뭐든 좋다. 뭘 하든지 부지런히 움직여야 기회를 얻을 수 있다. 20대에게 필요한 것은 무엇이든 부딪쳐볼 수 있는 '용기'와 무조건 열심히 매달릴 수 있는 '열정'이다. '용기'와 '열정'만 있다면 시간의 차이만 있을 뿐 언젠가는 꿈꾸던 것을 꼭 이룰 수 있을 것이다. 확실한 미래는 스스로의 노력과 열정으로 만들어가는 것이다. 결국 출발한 시기는 성공의 시기와 전혀 상관이 없다. 내가 바닥에서 출발할수록, 지금의 나의 위치가 초라할수록 나의 성공은 더 화려한 비상이 되기 때문이다. 초라한 20대보다 더 견디기 힘든 것은 초라한 30대라는 것을 잊지 말자. 나는 정말로 '누가 이기나 한번 해보자!'라는 마인드로 여기까지 왔다. 제자리로 돌아가면 다시 돌아오고 힘들면 다시 일어나고 오뚝이처럼 쓰러져도 계속 일어났다. 이렇듯 포기만 하지 않는다면 기회는 언제든지 오게 되어 있다.

도전을 두려워하지 마라

솔개 이야기를 들어본 적 있는가? 솔개의 삶이 마치 우리의 삶과 비슷해 공유할까 한다. 솔개는 새 중에서도 수명이 매우 길어 약 80년을 산다고 한다. 하지만 솔개가 그렇게 오래 살기 위해서는 반드시 거쳐야 할 고통의 과정이 있다. 솔개가 약 40년 정도를 살게 되면 부리는 구부러지고, 발톱은 닳아서 무뎌지고, 날개는 무거워진다고 한다. 솔개는 이때 중요한 선택을 한다. '그렇게 서서히 죽느냐.', 아니면 '고통을 뚫고 새로운 삶을 살 것이냐.' 도전을 선택한 솔개는 바위산으로 날아간다. 솔개는 가장 먼저 자신의 부리로 바위를 마구 쪼기 시작한다. 구부러진 부리가 다 닳아 없어질 때까지 쪼아버린다. 그러면 닳아진 부리 자리에서 매끈하고, 튼튼한 새 부리가 자란다. 그리고 새로 나온 부리로 자신의 발톱을 하나씩 뽑기 시작한다. 그래야 새로운 발톱이 나오기 때문이다. 마지막으로 새 깃털이 나도록 무거워진 깃털을 하나하나씩 뽑아버린다. 그렇게 생사를 건 130여 일이 지나면 솔개는 새로운 40년의 삶을 멋지게 비상하며 살 수 있게 되는 것이다.

우리는 인생을 살다 보면 많은 선택을 해야 한다. 그런데 당신에게 필요한 것은 선택이 아니라 결정이다. 중요한 변화를 위한 선택의 기회가 찾아와도 용기 있는 결정을 하지 못하면 아무것도 달라지지 않는다. 나는 용기란 '두려운 것이 없는 상태가 아니라 두렵지만 밀고 나가는 것'이라는 말을 항상 새기고 산다. 누구나 미래에 대한 불확실성 때문에 두렵기는 마찬가지다. 하지만 두렵다고 해서 도전을 미뤄서는 절대 안 된다. 두렵지만 도전하고 밀고 나가는 것이 용기다. 20대는 할 수 있다는 '희망'과 두려워도 밀고 나갈 수 있는 '용기'만 있으면 충분하다.

나는 20대를 거쳐온 선배로서 이 책을 통해 여러분의 용기와 희망이 되고 싶었다. 나 역시 20대를 지나오면서 수많은 시련을 겪으며 이 자리까지 왔다. 인생은 나의 뜻대로 풀리지 않았다. 그래도 내가 버틸 수 있

알바신의 365 알바신공

었던 것은 '나도 할 수 있다.'라는 희망이었다. 그러한 긍정에너지의 힘이 나를 여기까지 데려다주었다. 지금도 누군가는 분명 학벌 때문에, 토익 점수 때문에, 취업 때문에 미친 듯이 힘든 시간을 보내고 있을 것이다. 삶이 너무 힘들어 다 포기하고 싶기도 할 것이다. 하지만 세상이 주는 시련을 그저 받기만 하면 내 삶에서 변하는 건 아무것도 없다. 이제는 시련에 굴복하지 말고 당당히 맞서 극복하는 여러분이 되어야 한다. 마지막으로 이 노래를 끝으로 원고를 마칠까 한다. 여러분에게 들려주고 싶은 메시지가 이 노래 안에 모두 담겨 있다. 다음은 GOD의 〈촛불 하나〉의 일부분이다.

"왜 이렇게 사는 게 힘들기만 한지 누가 인생이 아름답다고 말한 건지. 태어났을 때부터 삶이 내게 준 건 끝없이 이겨내야 했던 고난들뿐인 걸. (중간 생략) 하지만 그러면 안 돼. 주저앉으면 안 돼. 세상이 주는 대로 그저 주어진 대로 이렇게 불공평한 세상이 주는 대로 그저 받기만 하면 모든 것은 그대로. 싸울 텐가 포기할 텐가 주어진 운명에 굴복하고 말 텐가 세상 앞에 고개 숙이지 마라, 기죽지 마라, 그리고 우릴 봐라. 지치고 힘들 땐 내게 기대. 언제나 네 곁에 서 있을게. 혼자라는 생각이 들지 않게 내가 너의 손 잡아줄게."

나는 힘들 때마다 이 노래를 들었다. 한 구절 한 구절이 너무 공감되었다. "세상이 주는 대로 그저 받기만 하면 모든 것은 그대로. 싸울 텐가? 포기할 텐가? 주어진 운명에 굴복하고 말 텐가, 세상 앞에 고개 숙이지 마라, 기죽지 마라."라는 부분에서 많은 공감이 되었다. 세상이 어떤 시련을 줘도 절대 굴복하지 말라는 내용이다. 나는 항상 세상과 싸워왔다. 그렇게 삶은 조금씩 변화하기 시작했다. 나는 이 책을 쓰면서 꿈이 하나 생겼다. 바로 '아르바이트 청년 멘토'가 되는 것이다. 이렇게 10년 동안 쌓아온 '알바 스펙'으로 20대에게 나의 지식과 경험을 나눠주는 삶을 살고 싶다. 이제는 '알바 스펙'이 답이라는 것을 알려주기 위해서라도 말이다.

알바신의 알바 꿀팁

당신의 아르바이트 경험을 공유하라. 당신의 '알바 스펙'이 당신이 겪었

던 어려움을 똑같이 겪고 있는 누군가에게 큰 도움이 될 것이다. 당신도

아르바이트 청년 멘토가 될 수 있다!

에필로그

절대 포기하지 마라, 충분히 잘하고 있다!

"성공은 성공-지향적인 사람에게만 온다. 실패는 스스로 실패할 수밖에 없다고 체념해버리는 사람에게 온다."

성공학의 대가 나폴레온 힐의 말이다. 나는 이 책을 통해 '당신이 성공하겠다는 생각이 간절하다면, 분명 그 길로 잘 나아가고 있다.'라는 걸 말해주고 싶었다. 나를 믿고 당신이 원하는 결과로 나아가고 있다고 확신하길 바란다. 단지 당신이 원하는 만큼 결과가 빠르게 나오고 있지 않을 뿐이다. 절대 포기만 하지 마라, 당신은 충분히 잘하고 있다.

당신의 상황이 누구보다 힘들다는 것을 잘 알고 있다. 불안한 현실 속에서 '과연 내가 할 수 있을까?'라는 의구심을 품으며 하루하루 버티고 있을 것이다. 나 역시 20대를 보내며 수많은 시련과 불안함을 항상 앉고 살았다. 그때마다 이길 수 있었던 건 오직 '그래도 할 수 있어!'라는 희망 덕분이었다. 그렇게 나는 힘들 때마다 '그래도 할 수 있어!'라고 크게 외쳐왔다. 불안함을 느낄 때마다 그 감정을 내부에 그대로 간직한다면 나아지는 게 없다. 하지만 그 불안함을 내부가 아닌 외부를 통해 극복할 때 그 불안함은 비로소 지혜가 된다. 20대는 머리가 아닌 몸으로 인생을 배우는 시기다. 많이 굴러보고 깨져본 사람만이 장기적인 인생을 볼 때 성공적인 삶을 살게 되는 이유다. 20대에 겪었던 모든 경험은 앞으로 30대가 되고, 40대가 되었을 때 인생을 살아갈 소중한 지혜가 되어준다는 말이다. 이러한 지혜를 많이 가지고 있는 사람이 성공할 수밖에 없는 이유다. 그만큼 20대 때 많은 경험을 하라는 것이다. 지금은 좀 힘들고 괴롭지만, 그 모든 시련이 앞으로의 당신을 더욱 단단하고 견고히 하는 트레이닝을 잊지 않고 살기를 바란다.

나는 20여 개의 아르바이트를 통해 충분한 시련과 그 속에서 지혜를 얻었다. 물론 앞으로의 인생을 더 잘 살아가기에 아직 많이 부족하다. 그래도 나의 소중한 경험들과 지혜들이 앞으로의 삶을 더욱 환하게 비춰줄 거라 나는 확신한다. 나 역시 처음엔 여러분의 생각과 별반 다르지 않았다.

'취업이 될까?', '잘 살아갈 수는 있을까?', '성공할 수 있을까?'

이런 질문으로 끊임없이 의심하고 불안해했다. 하지만 지금 나의 모습은 이전과는 완전히 다르다. 학창시절 6, 7, 8등급을 받았던 소년이 지방대에서 서울로 편입에 성공했고 대기업 취업까지 성공했다. 심지어 작가가 되어 두 번째 책까지 쓰고 있다. 여기까지 올 수 있었던 것도 항상 '성공─지향적인 사람'이 되고자 끊임없이 노력했던 덕분이었다.

세상은 꿈꾸는 자들에 의해 돌아간다고 한다. 이렇듯 우리는 꿈꾸는 사람이 되어야 한다. 꿈꾸며 달리다 보면 예상치 못한 곳에서 기회와 행운이 찾아온다. 나에게 2019년이 그랬다. 평생 잊지 못할 기회와 행운의 한 해였다. 나는 지금까지 그저 추상적인 성공만을 좇으며 열심히만 살다가, 어느 날 '열심히만 살면 지는 거다! 특별하게 살아라!'라는 문구를 우연히 보게 되었다. 열심히만 살아왔던 나에겐 적잖은 충격이었다.

'특별하게 살라고?', '어떻게 특별하게 살라는 거지?'

그렇게 우연히 〈한책협〉의 김도사님을 알게 되었다. 그때 이후로 그가 쓴 『출근 전 2시간』, 『마흔, 당신의 책을 써라』 등의 책들을 마구 읽기 시작했다. 여러 권의 책을 읽으며 그의 생각과 신념에 대해 알 수 있었다. 이분이라면 나를 빠르게 성장시켜줄 것이란 확신이 강하게 들었다. 그때

알바신의 365 알바신공

바로 네이버 카페 〈한국책쓰기1인창업코칭협회〉에 가입하게 되었다. 그 때 이후로 삶의 많은 부분에서 나는 달라졌다. 전혀 다른 사람이 되었다 는 표현이 더 정확할 것이다. 삶을 긍정적으로 바라보기 시작했고 의심 이 아닌 확신으로 내면을 가득 채웠다. 책을 쓰기로 결심한 것 역시 김도 사님의 역할이 컸다.

나는 책을 쓰면서 더 많은 꿈이 생겼다. 그 꿈들은 첫 번째 저서 『버킷 리스트20』에 자세하게 적어놓았다. 이제는 '아르바이트 청년 멘토'가 되 는 것을 시작으로 더 많은 꿈을 꾸며 살고 싶다. 꿈을 꾸고 이루는 과정 은 분명 누구에게나 힘들고 어렵다. 꿈으로 가는 길에 수많은 시련과 고 난이 있기 때문이다. 유명 드라마의 명대사도 있지 않은가.

"왕관을 쓰려는 자, 그 무게를 견뎌라."

어쩌면 지금 힘든 것도 여러분 모두가 꿈꾸는 사람이라는 증거다. 여 러분 모두 왕관의 무게를 견디는 사람이 되길 원한다. 간절히 원하는 꿈 앞에서 절대 포기하지 마라. 지금도 충분히 잘하고 있으니까!

2019년 10월
김대의